KB161684

임상미술치료
길라잡이

임상미술치료 길라잡이

김선현 지음

이담
Books

머리말

임상미술치료란 미술과 의술이 접목된 새로운 형태의 치료법으로서 미술활동을 통하여 환자의 심신(mind-body)상태를 평가하기도 하고 질병의 치료나 증상의 호전을 도모하는 치료법이다.

임상미술치료는 의료진과 한팀을 이룬다는 점과 미술로 상담하는 미술상담사의 차원을 넘어 치료의 영역까지 확대되었다는 것을 의미하여 Art Medicine이라고 볼 수 있다.

그동안 임상미술치료가 한국의 미술치료분야의 발전에 큰 역할을 하였다. 이제는 곳곳에서 '임상'이라는 용어를 쉽게 사용하는 것을 볼 수 있다. 병원을 비롯한 많은 기관에서 임상미술치료사들을 필요로 하고 있으며, 치료효과에 대한 연구 결과도 발표되고 있다. 그러나 미술치료사가 아직 공인이 되지 못한 상태에서 양적으로 많은 성장을 하다 보니 여러 가지 문제들이 제기되고 있는 것을 볼 수 있다.

병원에서의 의료절차, 치료사들의 윤리적인 책임, 임상미술치료사들의 권익 보호 등 다양하고 세세한 문제들을 정리해야 할 시기임을 느끼게 되었다.

임상미술치료사들의 고민 중 한 가지는 치료 전과 후의 치료효과에 대한 수치화된 평가도구가 부족하다는 것과 질환에 맞는 평가도구를 선정하는 데 익숙하지 못하다는 것이다.

환자의 질환에 대한 적절치 못한 평가도구를 사용하게 되면 치료결과는 다른 방향으로 평가되기 때문에 의료진과 환자에게 큰 신뢰를 주지 못하게 된다. 현장에서 임상을 시작하기 전 교육 기간 중에 습득해 놓아야 한다고 본다.

아직 우리나라에서는 미술치료적 평가도구가 부족하고 객관적으로 수치화된 평가도구가 없어 치료사들이 어려움을 겪고 있는 것이 사실이다. 많은 평가도구가 외국 것을 그대로 사용하거나 심리학적인 평가도구를 미술치료 안에서 무분별하게 사용하는 경우도 볼 수 있다.

저자는 오랜 교육과 임상경험을 바탕으로 의료현장에서 유용하게 사용될 수 있는 수치화된 평가도구를 몇 가지 만들게 되었다. 이미 많은 의료기관에서 사용하고 있고, 논문결과들도 나와 있음을 밝힌다.

기존에 유용한 도구들도 함께 제시하여 임상미술치료사들이 현장에서 편리하게 사용할 수 있도록 하였다. 외국 평가도구 중 한국의 임상현장에서 적용할 수 있는 것도 첨부하였다. 앞으로 필요한 자료들은 계속 첨부될 예정이다.

아무쪼록, 이 책이 미래의 임상미술치료사를 꿈꾸는 이들에게, 그리고 임상 현장에서 묵묵히 수고하는 임상미술치료사들에게 도움을 줄 수 있기를 바란다.

2012. 8

김선현

목차 CONTENTS

PART 01
임상미술치료란

임상미술치료란

임상미술치료(Clinical Art Therapy)란 미술과 의술이 접목된 새로운 형태의 치료법으로서 "미술 활동을 통하여 환자의 심신 상태를 평가(진단)하기도 하고 질병의 치료나 증상의 호전을 도모하기도 하는 치료법"이다. 광범위한 의미에서 예술치료라고 하면 미술만이 아니고 음악, 연극, 시, 소설, 춤, 레크리에이션, 놀이, 작업 등 자기표현을 매개로 한 것을 모두 포함한 개념이지만, 좁은 의미에서 미술치료라고 할 경우에는 그림, 조소(彫塑, Sculpture and Clay Carving), 디자인, 서예, 공예 등의 미술 영역을 말하는 것이다.

지금까지의 의학은 '병 중심의 의학'이었기 때문에 질병과 건강관리는 주로 의료인들 손에 맡겨왔으나, 21세기에 접어들면서 의학은 '건강 중심의 의학'으로 그 축이 옮겨지고 있으며, 이러한 추세에 편승하여 많은 비의료인들이 건장 증진에 관한 연구와 시술에 참여하는 현상이 확산되고 있다.

최근 의료계와 일반인들 사이에서 통합의학이라는 말이 자연스럽게 사용되기 시작했다. 통합의학은 이제 그 개념과 원리에서뿐만 아니라 임상치료에서 부작용이 없거나 적은 전인적 치유가 가능함을 보여줌으로써 일반 의학계에서도 여러 치료법을 채택하고 있으며 현대의학의 흐름에 새로운 방향을 제시하고 있다.

통합의학이란 한마디로 인간의 온갖 질병과 고통을 자연의 치유능력에 맞추어 조율해 주고 복원시켜주는 의학이다. 이를 위해서는 인간의 면역기능과 회복능력을 증강시켜주는 여러 가지 자연적인 접근 방식을 동원하게 되며 환자를 전체성을 가진 인간으로 보고 그 신체적인 병변 부위에만 치중하는 것이 아니라, 정신적, 사회적, 환경적인 부분까지 관찰하고 조화를 이루게 하는 치료를 행한다. 통합의학의 치료법에는 식이요법, 생약요법, 자연요법, 운동치료, 예술치료 등 여러 가지가 있으며, 이 중 예술치료 중의 하나인 미술치료는 스트레스 완화를 위한 심신의학으로서 갈수록 비중이 높아지고 있다.

심신의학치료법의 하나인 미술치료는 예방적 효과뿐만 아니라 치료에 대한 자신이 컨트롤할 수 있는 능력을 길러준다. 또한 심신이완 등을 통해 스트레스를 완화시키므로 정서 상태 및 신체 상태가 함께 개선됨을 볼 수 있다. 마음 상태와 면역의 상관관계는 치료효과에서 차이가 난다. 예술창작 활동을 통해 환자의 감정을 표현하고, 심리적 안정을 취하는 것은 면역성 강화에 도움을 준다.

미술치료는 환자가 예술작품을 감상하거나 스스로 창작이나 생산을 체험하는 과정을 통해 내면의 감정을 노출시키고 표현함으로써 이완효과를 얻고, 그에 따라 치유에 이르는 치료법이다. 미술활동을 통해서 개인의 갈등을 조정하고 자기 표현(Self-Expression)과 승화(Sublimation)과정을 통해 자아 성장을 촉진시키는 것이다. 자발적인 미술활동은 개인의 내적 세계와 외적 세계 간의 조화를 이룰 수 있도록 도우며, 비언어적인 커뮤니케이션 기법으로서 미술치료는 언어적 이미지(Verbal Image)와 시각적 이미지(Visual Image)를 통해 지금까지의 자기 상실, 왜곡, 방어, 억제 등의 상황에서 보다 명확한 자기발견(Self-Awareness)과 자기실현

(Self-Realization)을 꾀하게 한다. 이렇듯 미술의 창조적 과정은 모든 사람 속에 내재하는 비언어적 의사표현능력이며, 이러한 미술 행위가 심신의 이완을 유도하고 스트레스를 감소시킨다. 따라서 심신 질환의 치유를 돕는 동시에 자기표현능력을 향상시키므로 사회 활동 요령도 개선시키고 의사소통 능력도 호전시킨다. 그 외에도 감각적 기술(Sensory Skills)도 강화시켜 주어 미술치료가 전 세계적으로 통합의학(Integrative Medicine)의 일환으로 훌륭한 역할을 해내는 새로운 치료수단(Therapeutic Modality)으로 각광을 받는 것이다.

이렇듯 미술치료는 그 자체로 적극적인 치료법으로 볼 수는 없지만, 심신에 안정을 줄 수 있고 특히 삶 자체를 다시 바라보게 하며 희망을 줄 수 있기 때문에 만성병 환자, 암 환자, AIDS 환자, 정신병 환자들에게 효과가 있다. 또한, 미술치료는 심신의 어려움을 겪고 있는 유아, 아동, 청소년, 성인, 노인에 이르기까지 모든 사람들을 대상으로 미술활동, 즉 조소, 회화, 소묘, 공예, 디자인 기법 등을 통해서 그들의 심리를 진단하고 치료하는 방법이다.

미술치료는 지난 30여 년간 제도권의 정통의학체계 내에서 특히 정신의학이나 재활의학 분야에서 임상적으로 응용하고 있었기 때문에, 이미 제도권 의료체계에 접목이 되어 있었다고 할 수 있으며, 임상미술치료의 응용과 연구의 범위가 더 넓게 확대되어 보안대체의학 영역까지도 아우르게 되었다. 미술치료는 서양의학, 동양의학, 보완대체의학 모두에서 임상적 응용의 잠재력과 연구의 가능성을 이미 제시한 상황이기 때문에 모든 의학을 융합하는 통합의학의 일부로서의 중요한 역할이 전망된다.

임상을 바탕으로 한 미술치료에 대한 올바른 연구결과와 지식을 습득함으로써 각자가 자기 분야에서 돌보는 환자들에게 올바른 치료 방향과 지침을 제시해 줄 수 있도록 해 줄 것이다. 구체적인 예를 들면 미술치료는 재활의학 분야에서 뇌졸중 환자, 신경 마비 환자, 인지능력 장애 환자, 관절염 환자, 뇌성마비 어린이 환자에게 임상적 도움을 줄 수 있고, 소아의학 분야에서 발달 장애, 정신 지체, 과잉 행동 장애, 집중력 장애, 자폐증 어린이와 가족에게 임상적 도움을 제공하고, 정신의학 분야에서 정서불안, 사회적응 불안, 우울증, 정신질환 등의 환자에게도 임상적 도움을 주며, 그 이외에 암 환자, 만성 통증 환자, 각종 난치병 환자 관리에도 임상적 도움을 제공해 준다. 여기서 말하는 임상적 도움이란 해당 질병의 치유과정을 촉진시키는 효과를 내거나 그 질병과 관련된 증상의 호전 효과를 의미한다.

철저한 임상을 바탕으로 한 임상미술치료는 의료진과의 연계를 통해, 각자가 자기 분야에서 돌보는 환자들에게 올바른 치료 방향과 지침을 제시해 줄 수 있도록 해준다. 임상미술치료는 정신과적 질환에 국한시켜 특정 질환자나 특정 과에서만 사용되어지는 것이 아니라 다양한 질병에서 심리적 안정, 면역성 강화 및 환자의 삶의 질 차원에서 적용되어질 수 있다. 구체적인 예를 들면, 미술치료는 재활의학 분야에서 뇌졸중 환자, 신경 마비 환자, 인지능력 장애 환자, 관절염 환자, 뇌성마비 어린이 환자에게 임상적 도움을 줄 수 있고, 소아의학 분야에서 발달 장애, 정신 지체, 과잉 행동 장애, 집중력 장애, 자폐증 어린이와 가족에게 임상적 도움을 제공하고, 정신의학 분야에서 정서불안, 사회적응 불안, 우울증, 정신질환 등의 환자에게도 임상적 도움을 주며, 그 이외에 암 환자, 만성 통증 환자, 각종 난치병 환자 관리에도 임상적 도움을 제공해 준다. 그 밖에도 산부인과 질환, 산전/산후 산모 클리닉, 외상 후 심리적 안정을 요하는 어린이, 청소년, 일반인 등에게 적용되어진다. 특히, 어린아이들로부터 청소년, 중장년층 및 노인에 이르기까지 크고 작은 통증들과 함께 생활하고 있는 요즈음 이에 대한 미술치료의 적용은 많은 효과를 가져올 수 있다. 여기서 말하는 임상적 도움이란 해당 질병의 치유과정을 촉진시키는 효과를 내거나 그 질병과 관련된 증상의 호전 효과를 의미한다.

이처럼 미술의 힘은 고통 속에서 자신을 표현하게 하고, 억제되었던 잠재력을 신장시키는데, 이런 이유로 미술치료는 어려운 상황의 사람들을 위한 표현 도구로서 정신병원에서 시작되었다. 이것이 여러 상담이론과 기법이 합쳐지면서 상담분야에서 확산 발전되었고 인지, 정서에 초점을 맞춘 발달적 미술치료가 특수교육, 조기교육 분야에서 사용되고 있다. 또한 인성계발을 목적으로 교도소나 일반인에게도 사용되며, 양로원에서 노인을 대상으로 삶을 보람되게 정리하는 데 도입되기도 하였다. 그 외에도 질병의 치료나 증상의 호전을 도모하기 위해 일반 병원이나 클리닉에서 임상적으로 이용하기에 이르렀다.

(출처: 임상미술치료학, 임상미술치료의 이해: 김선현 저)

임상미술치료의 개입 및 적용 대상

미술치료의 개입은 다음과 같다.

   ① 환자들이 호소하는 것을 깊은 이해와 공감을 통하여 열심히 들어주는 것

   ② 적당한 시기에 적당한 창작방법을 활용하여 증상의 치유나 경감이 되도록
      돕는 것

   ③ 정신성장 과정을 촉진하게 돕는 것

   ④ 보다 건전한 성격으로 전환하도록 돕는 것

   ⑤ 남의 감정에 대한 이해심이 증진되도록 도와주는 것

   ⑥ 신체적으로 호전시킬 수 있는 치료적 효과

**미술치료가 모든 사람에게 적합한 것은 아니지만, 선행연구나 연구자의 임상
경험 등을 종합하여 적용대상의 예를 열거하면 다음과 같다.**

   ① 정신질환자(정신분열증, 우울증 등)

   ② 심신장애인(시각장애, 청각장애, 지체부자유, 정신지체, 정서장애 및 행동장
      애, 자폐성 장애, 학습장애, 중복장애, 언어장애 등)

   ③ 비행청소년(폭력, 절도)

   ④ 이혼(별거)부부

   ⑤ 가족관계개선

   ⑥ 근친상간 및 성폭행

⑦ 섭식장애(대식증, 신경성 식욕부진 등)

⑧ 학업부진, 입시 및 시험불안

⑨ 교우관계 및 인간관계개선

⑩ 자아 성장프로그램

⑪ 산업상담

⑫ 주의력 결핍장애

⑬ 등교거부증

⑭ 노인치매 및 노인상담

⑮ 신체 질병자(중풍, 심장 질환, 만성 통증, 암 등)의 심리안정

한국 임상미술치료의 역사 및 현황

　한국의 미술치료를 알아보기 위해 고대로 거슬러 올라가 보면 삼국지 위지 동의전에 나오는 고조선 시대의 제천의식인 부여의 영고, 고구려의 동맹, 예의 무천 등과 같은 제례의식으로부터 시작된다. 고구려의 고분벽화(106기 돌방무덤 내부)는 내세관, 종교관, 우주관을 무덤 내부에 표현한 장의미술(葬儀美術)의 한 장르로 현세에서의 영화로운 삶이 사후에도 그대로 이어지기를 바라는 소망과 죽음 이후의 공간인 무덤이 영원한 안식처로서 보호받기를 기원하는 염원을 무덤 속에 그림으로 표현했고, 사신도에서는 오행에 근원을 둔 오방색이 채색화의 시원으로 발견되어 단순한 빛깔로서의 색만이 아닌, 방위와 계절을 나아가 종교적이며 우주관적인 철학관을 형성하여 용도와 신분에 맞게 구분하여 사용하였다. 또한 삼국유

사에서는 신라시대 처용의 화상을 부적으로 사용하는 등 부적신앙이 매우 성했다. 이런 부적에서 보이는 도부를 살펴보면 태양, 얼굴, 소용돌이, 사각, 탑, 천체, 손, 번갯불 등의 모양에다 문자를 배합한 것으로 귀신을 퇴치시키는 의미를 가지고 있으며 악귀를 쫓거나 복을 가져오기 위해 몸에 지니는 주술도구로 사용되었다.

이규보가 지은 『동국이상국집』에 수록된 장시 노무편(老巫篇)을 보면 집단제례의식(샤머니즘) 때의 주술치료, 무당의 굿 등이 그대로 전승되어 여러 제례의식이 이루어지다가 삼국시대 초기에 유교, 도교, 불교 등 여러 새로운 종교의 도입으로 통일신라 중기(8세기경)부터는 개인기복의 무격신앙이 형성되고 고려 말기에 이르러 현재와 비슷한 굿의 형태를 갖춘 제의체제가 갖추어진 것을 짐작게 한다. 이로써 미술, 무용, 음악, 신앙 등이 복합적으로 어우러진 예술치료의 시작으로 볼 수 있다.

우리나라에서는 19세기 말 서양의학이 들어오기까지 한의학과 민간요법이 있었을 뿐이었다. 전통적 한의학에서는 "모든 병이 심신(心神)으로 연유하지 않은 것이 없으니, 치심요법(恥心療法)이 극히 중요하다"라고 가르친다. 즉, 질병을 치료하려면 그 마음을 치료하여야 한다는 뜻이다. 이렇듯 한의학에서 몸과 마음의 상관관계를 다루는 이론적 근거는 좀 있으나 서양의학에서 다루는 것과 같은 심리적 치료의 구체적인 치료법과 처방이 많지 않다. 심신 상관 의학 또는 심신 의학의 관점에서, 전통적 한의학의 골자는 "육욕(六欲)과 칠정(七情)을 다스려라"라는 것으로 요약될 수 있고, 500여 년 전 조선조의 퇴계(退溪) 선생의 활인심방(活人心方)을 들 수 있다.

정신의학 분야에서는 삼국사기에 정신 치료적 이해가 엿보이는 기록도 있고, 『동의보감(東醫寶鑑)』의 내경편, 신편에는 전광증(정신분열과 유사)에 대한 약물치료와 심신증에 대하여 적어놓았다. 하지만 정신질환을 치료한다는 빌미로 뒤주에 갇혀 숨진 사도세자(조선시대 영조대왕의 장자였던 장헌세자)의 경우를 통해서도 알 수 있듯이 정신질환을 대하는 조선시대의 사회적 의식을 엿볼 수도 있다.

무속치료에서 찾아볼 수 있는 현대 정신의학적인 기제에는 암시, 카타르시스(catharsis), 재반응, 설득, 전이, 집단치료효과와 의학이 살아있는 사람에 관여하는 데 반하여, 무속은 살아있는 사람의 질병 및 죽은 후의 세계에까지도 관여한다(오상훈·김지혁, 1989). 또한 독자적인 소위 음양오행설에 근거한 정신신체 의학적 이론들 그리고 체질론과 같은 사상의학(四象醫學) 등이 발견되었지만 전체적으로 근대과학적인 발전이 없었다고 할 수 있다(민성길, 1998).

우리나라에서의 서양의학은 17세기경부터 중국으로부터 단편적으로 소개되고 있었으나, 실제적으로는 1885년 최초의 서양 의학식 병원인 광혜원이 설립된 이후부터 시작되었다. 정신의학의 교육은 1910년대부터 광혜원의 후신인 제중원의학교에서 서양 선교사인 의사들에 의해, 그리고 대한의원에서 시작되었다. 1910년에 광혜원-제중원의 후신인 세브란스 병원에서 호주 선교사인 Charless I. McLaren에 의해 정신과가 개설되면서 이루어졌다. 1913년 조선총독부 의원에 위생과 병실이 마련되고, 1919년 종로에 10여 개의 병상을 갖춘 소규모의 사립 정신 위생시설이 설치되기에 이른다. 이후 지금의 뇌병원(腦病院)으로 이어지는 원뇌병원(原腦病院)이 1935년 설립되고, 1945년에 조선정신신경학회가 창립되었고 한국전쟁 이후 대한신경정신의학회로 제건 되었다(민성길, 1998).

한국전쟁을 거치면서 미국의 역동 정신의학이 도입되었으며, 특히 정신치료에 있어서 한국적 전통문화 또는 도(道)사상에 근거하고 적용되는 정신치료기법을 정립하려는 연구가 활발하게 이루어졌다. 1960년 국립 서울 정신병원에 정신건강 전문가 및 작업치료사가 중심이 되어 환자들을 대상으로 치료적인 개념이 아닌 미술이라는 심리전환 활동(Diversional Activities)으로 활용되어졌다고 볼 수 있다. 1982년 정신과 의사들이 주축이 되어 정신의학계의 산하단체로서 한국임상예술학회(음악, 미술, 무용)가 창립되면서 예술 활동을 통한 치료가 본격적으로 시작되었다. 이후 1991년 대구대 재활과학 대학원에 미술치료가 정규 교육 과정으로 생기고, 1992년 한국미술치료학회가 창립되었으며, 1995년 한국표현예술심리치료협회가 창립되었다. 이후 급속한 산업화, 도시화와 맞물려 미술치료에 대한 관심이 증폭되고 그 가능성에 대해 기대를 갖는 많은 개인과 단체가 활동하게 되지만, 체계적인 뿌리와 프로그램을 갖춘 기관이나 단체가 전무한 까닭에 많은 시행착오의 과정을 겪게 되었다.

이러한 과정을 거치면서 드디어 2005년 의사, 치과의사, 한의사, 심리사, 상담사, 미술가, 사회복지사 등 많은 학계 인사 및 의료진, 전문가들이 참여하여 대한임상미술치료학회(The Korean Academy of Clinical Art Therapy: KACAT)가 창립되면서 통합의학으로서의 미술치료가 새롭게 시작되었다. 또한, 치료 전문가 간의 유기적인 협력관계를 통해 의료의 한 분야로서 자리 잡게 되면서 차의과학대학교 차병원에 국내 최초로 미술치료 클리닉이 개설되어 본격적인 진료를 시작하면서 사회적 주목을 받게 된다.

현재 15개 이상의 대학과 대학원에 미술치료학과 및 전공이 개설되어있다. 의과대학 내에 최초로 2005년에는 차의과학대학교 통합의학 대학원안에 임상미술치료 전공 석·박사 과정이 개설되어 전문 의료인으로서의 발판을 마련하고 있다.

PART 02

임상미술치료사란

PART 02

임상미술치료사란

    임상미술치료사란 의료기관에서 미술을 사용하여 치료하는 치료사를 말한다. 즉, 미술치료 이론과 방법에 관한 체계적인 지식을 가지고 있으며 이러한 지식을 임상실습과 슈퍼비전 과정을 거쳐 임상현장에서 실제적으로 적용할 수 있는 사람을 의미한다. 임상미술치료사는 직접적으로 환자에게 일차적 치료를 제공하는 치료사(Primary therapist)로 일하기도 하고, 시설의 필요성에 따라 또는 환자의 치료 목표에 따라 치료 팀 안의 보조적인 역할도 담당한다. 임상미술치료사가 제공하는 의료 서비스는 다양하다고 할 수 있는데, 여기에는 예방적 서비스(Preventive Service), 진단적 평가(Diagnostic Evaluation), 치료와 치료 후 평가(Treatment and Assessment) 등이 포함된다.

임상미술치료사의 자질

구 분	내 용
육체적 자질	- 심신이 건강해야 한다 - 용모가 단정해야 한다 - 신뢰감을 형성할 수 있는 표정과 말투, 행동이 있어야 한다
지식적 자질	- 인간을 이해할 수 있는 사회 심리적 지식 및 다양한 경험이 있어야 한다 - 미술 실기능력과 미술에 대한 경험 및 지식이 있어야 한다 - 치료 대상자에 따른 구체적인 임상과 훈련경험이 필요하며, 정기적인 슈퍼비전을 받아야 한다 - 특정한 치료상황과 치료대상에 대한 임상경험이 있어야 하며, 질환에 대한 의학적 지식 및 전문적인 지식을 갖추어야 한다 - 사명의식, 치료사의 역할, 치료목적을 분명하게 알고 있어야 한다
인성적 자질	- 인간의 욕구와 표현에 민감해야 하며, 삶에 대한 긍정적 태도, 건전한 가치관을 가지고 정서적으로 안정되어야 한다 - 치료상황을 빠르게 파악하고 대처할 수 있는 직관력과 통찰력이 풍부해야 한다 - 자기 자신을 존중할 수 있어야 한다 - 자율성이 있어야 한다 - 선입견을 가지지 않아야 한다 - 창의성이 있어야 한다 - 정확한 관찰력이 있어야 한다 - 치료사는 자신에 대한 이해와 수용이 되어야 한다 - 정직하고 진실하게 환자를 대하며 공감능력이 있어야 하며, 객관성을 잃지 않아야 한다 - 치료상황에서 이루어진 대화나 환자의 개인적인 문제를 유출하지 않는 윤리적 책임감을 가져야 한다

임상미술치료사 자격 취득 과정 및 교육 과정

1. 구분

임상미술치료사 자격을 다음과 같이 구분한다.

- 임상미술치료전문가
- 임상미술치료사 1급, 2급

2. 임상미술치료전문가 자격

임상미술치료사 1급 자격증을 취득한 이후, 1,000시간 이상의 임상시간, 슈퍼비전 40시간, 심화과정 연수 80시간, 본 대한임상미술치료학회(이하 본 학회)가 주관 또는 인정하는 워크숍 및 세미나 100시간 및 사례발표 2회 이상, 본 학회 학술대회 30시간 이상 참석, 임상미술치료 관련 연구지에 논문 2편 게재(학위논문 제외, 3인 이하의 공동연구 인정)를 한 전문가로서, 슈퍼바이저 및 대학 강의가 가능한 자

3. 임상미술치료사 자격

다음의 각 항에 해당하는 자로서 자격관리위원회의 시험에 합격하고 자격심사에 통과한 자

① 대학졸업 또는 대학졸업 예정자로서, 본 학회가 주관 또는 인정하는 임상미술치료사 기본교육 과정을 이수하고 자격시험에 통과한 후, 본 학회가 인정하는 기관에서의 임상실습 등을 모두 거친 후 자격관리위원회의 심사를 거쳐 그 자격을 부여받은 자

② 2년제 졸업자로서 졸업 후 동일 직무 분야에서 2년 이상 실무에 종사한 자로서, 본 학회가 주관 또는 인정하는 임상미술치료사 기본교육 과정을 이수하고 자격시험에 통과한 후, 본 학회가 인정하는 기관에서의 임상실습 등을 모

두 거친 후 자격관리위원회의 심사를 거쳐 그 자격을 부여받은 자

③ 외국에서 (임상)미술치료 분야의 자격증을 취득한 후 1급 교육 과정을 이수 및 자격과정 시험에 합격, 국내 임상실습 경력자

④ 미술전공자이어야 하며 비전공자일 경우에는 학회에서 실시하는 미술보수교육 40시간 이상 이수

▶ 임상미술치료사 2급

대한임상미술치료학회 회원 가입 → 학회 2급 교육 과정 이수: 100시간(자격시험) 및 임상 50시간, 슈퍼비전 6시간, 본 학회 주관의 월례회 및 세미나 20시간, 학술대회 20시간 → 임상미술치료사 2급

▶ 임상미술치료사 1급

임상미술치료사 2급 자격 취득자 → 학회 1급 교육 과정 이수: 100시간(자격시험) 및 임상 500시간, 슈퍼비전 20시간, 본 학회 주관의 월례회 및 세미나 30시간, 사례발표 1회 이상, 학술대회 20시간 → 임상미술치료사 1급

4. 임상미술치료사 교육 과정 내용

2급 교육과정	
임상 미술치료학 개론 I	- 임상미술치료란? - 임상미술치료사란? - 임상미술치료의 이론적 접근(정신분석, 분석심리학, 개인심리학, 행동주의 등 기본적인 심리이론을 바탕으로 한 미술치료의 접근방법) - 임상미술치료의 계획과 진행 - 임상미술치료의 이해 및 현황 - 임상미술치료 사례연구 I

그림의 진단 과 해석	- 그림검사평가(HTP, K-HTP, KFD, KSD, LMT 등) - 그림검사 사례발표
상담심리 및 치료이론	- 정신분석, 분석심리학, 행동주의, 인본주의, 인지주의 이론 등 기본적인 심리이론 에 대한 연구 - 발달심리학(학습이론, 인지발달이론, 에릭슨의 심리사회적 발달이론) - 상담심리 I, 심리검사 I
임상실습	- 현장임상미술치료 실습 - 임상미술치료 세미나 I
의학	- 정신의학과 임상미술치료 - 통합의학 안에서의 임상미술치료 I - 생리학, 병리학, 약리학, 인체해부학, 신경해부학, 신경과학, 재활의학 I
임상 미술치료	- 컬러테라피 I - 동서의학과 동서미술치료 I - 매체와 미술치료 - 명화와 미술치료 - 집단 미술치료 - 특수아동과 미술치료 - 청소년과 미술치료 - 인지학과 미술치료 - 작업치료와 미술치료 - 특수교육과 미술치료 - 스트레스와 미술치료 - 역동적 치료와 동양상담 심리

1급 교육과정		
임상 미술치료학 개론 II	- 임상미술치료 실제 - 임상미술치료 사례연구 II	

그림의 진단
과 해석
	- 임상미술치료척도 검사
	  (FCC: 도형, 색 그리기 검사
	  CHTC: 구름, 집, 나무 그리기 검사
	  LB: 선 나누기 검사
	  CDT: Clock Drawing Test
	  자화상그림검사: Self-portrait Drawing Test 등)
	- 그림검사 사례발표	

상담심리 및 치료이론	- 상담심리 II, 심리검사 II - 예술심리학 - 인지학과 임상미술치료
임상실습	- 의료 현장에서의 임상미술치료실습 - 임상미술치료 세미나 II
의학	- 통합의학에서의 임상미술치료 II - 생리학, 병리학, 약리학, 인체해부학, 신경해부학, 신경과학, 재활의학 II - 의학 용어
임상 미술치료	- 컬러테라피 II - 동서의학과 동서미술치료 II - 그림 진단의 실제 적용 - 임상미술치료의 매체 및 프로그램 연구 - 암과 임상미술치료 - 호스피스 완화의료와 임상미술치료 - 가족미술치료

5. 수련시간 인정 과목

본 학회의 연수과정에 포함된 과목을 대학이나 대학원, 또는 본 학회가 인정하는 기관에서 이수하였을 경우 교육 과정으로 인정할 수 있다.

자격 취득 과정

1. 교육과정신청

2. 1·2급 교육과정이수

3. 임상실습

4. 슈퍼비전

5. 자격증 취득

임상미술치료사의 진로

① 각 병원 및 의원

② 바우처 사업 실시 기관

③ 한의원

④ 정신보건 센터

⑤ 보건소

⑥ 치매센터

⑦ 암 센터 및 호스피스 완화 의료 기관

⑧ 연구소

⑨ 각급 학교

⑩ 아동발달센터

⑪ 복지관

임상미술치료사 윤리규정

1. 회원

1.1 회원 정의-대한임상미술치료학회 회칙 제3장 4~5조 참고-

2. 세부 규칙

2.1 임상미술치료사는 윤리 규정을 따라 환자의 권익을 위한 도덕적인 치료 행위를 해야 한다.

2.2 임상미술치료사는 법적이며, 안전하고, 효과적이며, 공평함을 관행으로 한다.

2.3 임상미술치료사는 자신의 교육, 훈련, 경험, 기타 관련성 있는 전문 경험의 범위 내에서 자신이 제공할 수 있는 영역 안에서만 미술치료 행위를 제공할 수 있다.

2.4 임상미술치료사는 치료 대상자들의 나이, 성별, 문화, 종교, 교육수준, 가치관 등의 개인 간의 차이를 이해하고 존중해야 한다.

2.5 임상미술치료사는 치료 대상자의 보호자 및 비상 연락망을 구축하며, 의사, 간호사 및 의료진과의 공조체계 하에 의료적 서비스를 구축한다.

2.6 임상미술치료사는 환자의 선택의 자율성을 존중한다.

3. 환자 의뢰

3.1 환자 담당의사의 1차 처방에 의한 환자 의뢰가 있어야 한다.

4. 평가

4.1 임상미술치료사는 환자의 치료과정을 이해할 수 있는 증명된 평가 도구를 사용하여야 한다.

5. 동의서

5.1 임상미술치료사는 임상 기록을 남길 수 있으며, 첫 면담 시 또는 치료 전에 치료사는 어떤 환경, 조건에서 치료가 실시된다는 것을 환자에게 문서나, 구두로서 알려야 한다. 그리고 치료관계에 영향을 미칠 수 있는 치료의 목적, 절차에 대한 규칙, 한계 등에 관하여 반드시 알려 주어야 한다.

6. 의무와 지속적 관심

6.1 임상미술치료사는 환자에게 치료에 관한 의무를 이해 시켜야하며, 치료 행위에 영향을 줄 수 있는 정보를 다양한 정보를 알려주어야 한다.

6.2 임상미술치료사는 지속적인 관심하에 미술치료에 임하여야 하며, 최선을 다해 마무리까지 노력한다. 미술치료 세션이 부득이하게 중지될 경우 임상 의료적인 태두리 안에서 대안적인 치료 방법을 조언해줄 수 있다.

7. 임상적 판단

7.1 임상미술치료사는 어떠한 상황에도 의료 행위에 영향을 줄 수 있는 신체적
접촉을 피하며 임상 중 술, 마약 사용을 엄격하게 금지한다.

8. 비밀 유지

8.1 임상미술치료사는 환자의 비밀성 유지를 해야 하며, 세션 중의 대화 내용이
나, 미술 표현에 대한 정보를 유출하지 않은 책임이 있다. 하지만 환자의 신
변이나 건강 수준이 미술치료사의 통제가 불가능할 경우 담당 의사, 연계
기관, 보호자에게 알릴 수 있다. 또한 위의 사항을 반드시 환자에게 공표할
책임과 의무가 있다.

8.2 임상미술치료사는 학술적인 목적, 수퍼비전, 교육용으로 환자의 사례내용을
사용할 경우 사전에 환자 또는 환자의 법적 보호자의 허락하에 익명으로 사
용할 수 있다.

8.3 임상미술치료사는 학술적인 목적, 수퍼비전, 교육용으로 환자의 미술 작
품 원본이나 사진, 녹취본, 디지털 인화본, 스케치, 슬라이드, 복사본을
사용할 경우에는 사전에 환자 또는 환자의 법적 보호자의 허락하에 사용
할 수 있다.

9. 임상 파일, 미술작품 보관

임상미술치료사는 환자의 진행 상태와 전문적인 치료를 제공하기 위해 기록을 보존해야 한다. 이 기록은 환자에 관련한 디지털 파일, 인쇄 파일, 사진, 미술작품은 3년간 안전한 저장소에서 보관 후 사후 환자가 원한다면 환자에게 사본의 형태로 양도되거나 폐기 처분할 수 있다.

10. 임상 환경

10.1 임상미술치료사는 환자의 사생활과 비밀성이 유지되도록 임상 환경을 조성한다.

10.2 임상미술치료사는 임상기관과 항시 공조 합의적인 체계를 유지하여 환자와 임상미술치료사가 심리적 안정감을 제공할 수 있는 안전한 환경을 제공한다.

11. 보수교육

11.1 임상미술치료사는 환자에게 효율적이고, 이론에 근거한 치료 행위를 제공하기 위해 보수 교육을 지속적으로 실행한다.

11.2 임상미술치료사는 정기적으로 인증된 수퍼바이져와 수퍼비전을 받아 전문성을 항시 모니터링하여야 한다.

11.3 임상미술치료사는 정기적으로 학회 학술회 및 연례회를 참석하여 꾸준한 전문성을 확보할 의무를 가진다.

12. 위반사항

임상미술치료사로서의 도덕적 책임을 위반할 경우나 임상미술치료학회나 소속 기관의 명예를 실추시킨 경우 대한임상미술치료학회 회칙 제6장 19조에 근거하여 특별위원회를 소집, 제재를 받을 수 있다.

임상미술치료사 자격시험

1. 시험과목

▶ 임상미술치료사 2급

구분	시험과목	시험형태
필기	• 임상미술치료의 이해 • 심리학 이론 I • 임상미술치료 진단 및 평가 I • 이상심리학 • 의학(정신의학, 생리학, 약리학, 재활의학 I)	형태: 객관식 문항 수: 60문항 시험시간: 60분
실기	• 추후 개설 예정	

▶ 임상미술치료사 1급

구분	시험과목	시험형태
필기	• 임상미술치료학 • 심리학 이론II • 임상미술치료 진단 및 평가II • 컬러테라피 • 의학(신경과학, 재활의학II) • 의학용어	형태: 객관식, 주관식 문항 수: 100문항 시험시간: 120분
실기	• 임상미술치료실습 • 미술실기	미술실기는 보수교육(40시간) 으로 대체

▶ 임상미술치료 전문가

구분	시험과목	시험형태
서류	• 심화과정 연수 80시간 • 학술대회 30시간 이상 • 학회주관 월례회 및 워크숍 100시간 이상 • 사례발표 2회 이상 • 임상미술치료학 연구 논문 2편 이상 게재 • 임상실습 1,000시간 이상 • 슈퍼비전 40시간 이상	• 서류 (강의 및 임상 경력 증명, 연구실적 증명, 사례발표, 슈퍼비전 증명, 기타 연수 증명) • 면접 • 기타 자격청구 해당자: 박사학위 취득자 관련 강의경력 3년, 심화과정 40시간

2. 합격 기준

– 필기시험: 매 과목 60점 이상, 전 과목 평균 60점 이상(100점 만점 기준)

3. 시험일정

- 연 4회 실시: 3월, 6월, 9월, 12월
(* 시험일정은 사정에 따라 변경될 수 있음)

4. 응시자격

- 임상미술치료사 2급
  • 대학졸업자 또는 예정자
  • 2년제 졸업자로서 졸업 후 동일 직무 분야에서 1년 이상 실무에 종사한 자
  • 임상미술치료 2급 교육 과정 이수자
- 임상미술치료사 1급
  • 임상미술치료사 2급 자격 취득자
  • 임상미술치료사 1급 교육 과정 이수자
- 임상미술치료전문가
  • 임상미술치료사 1급 자격 취득자
  • 임상실습 1,000시간 이상
  • 심화과정 연수 80시간
  • 학술대회 30시간 이상
  • 학회주관 월례회 및 세미나 100시간 이상
  • 사례발표 2회 이상
  • 임상미술치료학 연구 논문 2편 이상 게재
  • 슈퍼비전 40시간 이상

5. 시험접수 및 문의처

대한임상미술치료학회(http://www.kacat.co.kr)

▶ E-mail: kacat6419@naver.com

임상미술치료사 자격유지

1. 본 학회의 임상미술치료사 자격증 유지기간은 5년이므로, 5년 후 재발급을 받아야 한다.
2. 본 학회의 임상미술치료사 자격유지를 위해서는 5년 동안 보수교육 60시간을 이수해야 한다.
3. 보수교육은 월례회, 학술대회, 의학, 심리학, 미술실기 교육으로 이루어진다.

임상미술치료사 슈퍼비전

1. 임상미술치료 전문가 슈퍼비전

본 학회의 슈퍼바이저에게 슈퍼비전 40시간과 본 학회에서 주관하는 공개 사례 발표에 2회 이상 발표해야 한다.

2. 1급 임상미술치료 슈퍼비전

본 학회의 전문가에게 슈퍼비전 20시간과 본 학회에서 주관하는 공개 사례발표에 1회 이상 발표해야 한다.

3. 2급 임상미술치료 슈퍼비전

본 학회의 전문가에게 슈퍼비전 6시간을 받아야 한다.

임상미술치료사 보수교육

1. 본회는 보수교육을 매년 1회 이상 실시한다. 이 경우 교육시간은 연간 20시간 이상으로 한다.

2. 본회는 보수교육을 받은 자에 대하여 별지 제11호의 3서식의 보수교육 이수증을 교부한다.

3. 보수교육의 교과과정, 실시방법 및 기타 보수교육의 실시에 관하여 필요한 사항은 학술교육위원회에서 정한다.

4. 교육이수를 확인할 수 있는 서류는 5년간 보존하여야 한다.

★ 보수교육 내용
- 미술실기(미술 관련 전공자가 아닌 경우 미술치료사로서 가져야 할 기본적인 실기를 습득하는 과정으로 주 1회 2~3시간씩 수련 전 과정 동안 진행. 기초소묘, 서양화, 동양화, 공예 등 보수 교육을 실시함) - 심리학 - 의학 관련 세미나

일상실습 시의 복장 지침

〈공통〉

1. 단정하고 깨끗한 사복이나 근무복을 입는다.

2. 향이 진한 향수는 이용하지 않는다.

3. 뒤축이 없는 신발(뮬)이나 슬리퍼는 신지 않으며 뒤축을 눌러 신지 않는다.

4. 모자를 쓰지 않는다.

5. 반바지를 입지 않는다.

〈여학생〉

상의: 목이 많이 파인 옷은 입지 않는다.

치마: 무릎 위 짧은 스커트는 입지 않는다.

바지: 몸에 너무 꼭 맞는 쫄바지, 청바지, 7부바지, 레깅스, 꽃무늬 등의 바지는 입지 않는다.

신발: 양말 혹은 스타킹을 신으며 하이힐, 따각따각 소리가 나는 신발은 신지 않는다.

장신구: 치렁치렁한 장신구는 하지 않는다.

머리: 어깨 밑으로 내려오는 긴 머리는 묶는다.

손톱: 길게 기르지 않으며 화려하고 진한 매니큐어는 바르지 않는다.

〈남학생〉

상의: 깨끗한 셔츠를 입는다.

신발: 양말을 신으며 정장 혹은 캐주얼 구두를 신는다.

하의: 청바지는 입지 않으며 면바지 혹은 정장바지를 입는다.

동 의 서

① 이름	
② 내용	동의서
③ 임상기관	
④ (임상)미술치료사	
⑤ 기간	
⑥ 시간	
⑦ 장소	

　(대한임상미술치료 학회) 윤리 규정에 따라 개인 면담 과정부터 시작되는 모든 치료 과정에서 귀하의 정보에 대한 비밀보장을 약속하며 절대 외부로 유출되지 않습니다. 단, 환자의 신변 위협과 같은 생명과 관련된 일일 경우 비밀유지가 파기될 수 있음을 알려 드립니다. 또한 미술치료 연구를 위한 목적(논문, 책)으로 귀하의 미술작품 사진 및 임상 파일을 사용할 수 있습니다. 이를 위해 (임상)미술치료사는 개인 신상 노출 방지를 위해 모든 책임을 다하겠습니다. 감사합니다.

위의 사항에 대해 동의합니다.

년　월　일 이름:_____(인)

작품 사용 동의서

날짜			
이름		성별	남, 여
나이			
전화번호		핸드폰	
상담 의뢰경로			

임상미술치료 과정 중 만든 작품과 내용에 관해서

연구(출판, 논문) 목적으로 사용함을 동의합니다.

(참여한 분들의 개인정보 유출 방지를 위해

개인신상(이름, 나이 등)은 노출하지 않겠습니다.)

위의 사항에 대해 동의합니다.

20 년 월 일

이름: _____ 서명: _____

미술치료 과정 기록지 I

환자명		연령	
질환명			
주 호소문제			
생육사			
가족력			
발달사			
교육사			
특기사항(심리검사 결과, 아동, 청소년의 경우 양육상 특기사항 포함)			
치료계획 및 목표			

일시	20 . . .	session	
치료사			
프로그램명			
준비물			
기대효과			
주요 태도			
치료내용 (보호자상담내용포함)			
치료사 소견 및 평가			

* 환자 작품 및 작품 설명:

환자 작품

작품 설명:

미술치료 회기 기록지II

1) 전체사항

주제 및 기법		일시/회기	
장 소		시 간	
대상/환자이름		재 료	
회 기 목 표		치 료 사	

2) 집단원 정보 및 회기 기록 사항

환자이름 성별/나이	가족사항	병명/ 주 증상	미술치료 기록과정	작업결과 및 치료사 평가

3) Comment

4) 작품 사진

임상미술치료 시행과정

① 각 과(정신과, 산부인과, 재활의학과, 소아과 등)에 접수를 한다.

② 담당의사의 진료를 통하여 1차 처방을 받은 후, 담당의에게 미술치료 처방을 받는다.

③ 환자가 미술치료를 의뢰한 후, 미술치료실의 담당 치료사를 만나 일정 예약 및 미술치료에 대한 사전 정보를 제공한다.

④ 미술치료를 시행한다.

학회 회칙

제1장 총칙

제1조(명칭) 본회는 대한임상미술치료학회(Korean Academy of Clinical Art Therapy; KACAT)라고 칭한다.

제2조(목적) 본회는 임상미술치료에 관한 학술활동과 이의 질적 발전 및 제도 마련을 통하여 회원의 권익향상 도모를 목적으로 한다.

제2장 사업

제3조(사업) 본회의 목적을 달성하기 위하여 다음과 같은 사업을 행한다.

1. 학술연구 발표, 심포지엄 및 전시회 등의 개최에 관한 사항

2. 학회지 및 기타 출판물의 발간에 관한 사항

3. 임상미술치료 분야에 관한 공공활동 지원 및 정책건의에 관한 사항

4. 국제 학회와의 교류 및 유대강화에 관한 사항

5. 기타 본회의 목적달성에 필요한 사항

6. 임상미술치료 자격에 관한 사항

제3장 회원

제4조(구성) 본회의 회원은 정회원, 준회원으로 구성한다.

제5조(자격)

1. 정회원:

가. 임상미술치료 및 관련 분야의 임상경력이 2년 이상인 자

나. 의학 및 보건에 관련되는 전문시설에서 미술치료 분야에 임상활동 중인 의사

다. 미술치료 분야에서 종사하는 연구가

2. 준회원:

가. 현재 임상미술치료 분야에서 종사하기 시작한 자

나. 본 학회의 목적에 동조하거나 발전에 기여할 수 있는 자

제6조(의무) 회원은 본회의 회칙과 제 규정을 준수하고 입회비와 회비를 납부할 의무를 가진다.

제7조(권리) 제6조의 의무를 다한 회원은 회칙이 정하는 바에 따른 선거권과 피선거권 및 기타 본회의 소정의 의결권을 가진다. 단, 준회원은 선거권, 피선거권 및 기타 의결권이 없다.

제8조(가입절차 및 징계)

1. 가입절차: 본회의 회원은 본회의 목적에 찬동하고 소정양식의 가입신청서(홈페이지나 e-mail 가입서 포함)를 제출한 사람을 대상으로 심사과정을 거쳐 승낙 여부를 결정한다.

2. 징계: 회원이 본회의 의무를 2년 이상 이행하지 않은 경우 회원으로서의 권리행사가 정지되며 재이행할 시에는 자격이 회복된다. 본회의 사업을 방해, 명예를 실추시킨 회원에 대해서는 경고, 정권, 제명의 징계를 할 수 있다.

제4장 임원

제9조(임원의 구성) 본회는 고문 약간 명, 자문위원 약간 명, 회장 1명, 부회장 1명, 이사 10명 내외 및 운영위원과 감사 2명을 둔다.

제10조(임원의 의무)

1. 고문 및 자문위원은 본회의 발전을 위하여 임원들의 자문에 응한다.

2. 회장은 본회를 대표하며 총회, 이사회, 운영위원회의 의장이 된다.

3. 부회장은 회장을 보좌하며 회장 유고 시 회장의 직무를 대행한다.

4. 이사는 이사회를 구성하고 회무를 분담하여 심의 의결한다.

5. 운영위원은 운영위원회에 출석하여 학회의 중요사항을 심의 의결한다.

6. 감사는 본회의 제반 재정업무를 감사하여 이사회와 총회에 보고한다.

제11조(임원의 선출)

1. 회장 및 감사는 정기총회에서 출석회원 과반수의 동의를 얻어 선출한다.

2. 기타 임원은 회장이 이사회의 인준을 거쳐 임명한다.

제12조(임원의 임기) 임원의 임기는 4년으로 하며 연임할 수 있다. 단, 전임자의 결원으로 인해 보선된 임원의 임기는 전임자의 잔임기간으로 한다.

제13조(임원의 징계) 본회의 사업을 방해, 명예를 실추시킨 임원에 대해서는 경고, 정권, 제명의 징계를 할 수 있다. 학회에서 진행되는 학술대회에는 필히 참석을 요한다(공무 시 제외).

제5장 회의

제14조(회의의 종류) 본회는 총회, 이사회 및 운영위원회를 둔다.

제15조(총회)

1. 총회는 정회원으로 구성하며, 정기총회와 임시총회로 한다.

2. 정기총회는 연 1회 개최하며 회장이 의장이 된다.

3. 임시총회는 정회원 2/3 이상의 요청이 있거나 이사회의 결의에 의하여 회장이 이를 소집한다.

4. 총회는 출석한 정회원 수로 성립되고, 제 의결은 출석인원의 과반수로 결의한다.

5. 총회는 다음의 사항을 심의 의결한다.

　가. 정관 제정 및 개정에 관한 사항

　나. 예산 및 결산 승인에 관한 사항

　다. 주요 사업계획 수립에 관한 사항

　라. 기타 학회 운영에 중요한 사항

제16조(이사회)

1. 이사회는 회장이 필요하다고 인정하거나 재적 이사 2/3 이상의 요청이 있을 때 회장이 소집한다.

2. 재적 과반수의 출석과 출석인원의 2/3 이상의 찬성으로 결의한다.

3. 회장 및 부회장은 이사회에서 의결권을 가지며 감사는 발언권을 가진다.

4. 이사회는 다음의 사항을 심의 의결한다.

　가. 정관 제정 및 개정에 관한 사항

　나. 회원의 자격심사 결정에 관한 사항

　다. 회원의 자격정지, 회복 및 징계에 관한 사항

　라. 사업계획 및 세입, 세출 예산에 관한 사항

　마. 기타 학회 운영에 중요한 사항

제17조(운영위원회)

1. 운영위원회는 회장이 필요하다고 인정하거나 재적 이사 2/3 이상의 요청이 있을 때 회장이 소집한다.

2. 재적 2/3 이상의 출석과 출석 1/2, 2/3 이상의 찬성으로 결의한다.

3. 감사는 운영위원회에 출석하여 발언권을 가진다.

4. 운영위원회는 다음의 사항을 심의 의결한다.

　가. 사업진행과 운영에 관한 사항

　나. 예산 및 결산의 작성

　다. 총회, 이사회에서 위임한 사항

　라. 기타 학회 운영에 중요한 사항

제6장 위원회

제18조(위원회의 구성) 이사회에서는 본회와 사업수행을 위해 각 위원회를 둘 수 있다.

제19조(편집위원회)

1. 편집위원회는 운영위원회의 지원, 조정, 통제를 받아 운영한다.

2. 편집위원회는 연 1회 이상 학회지를 발간하며 대학원생 이상의 연구 산물들로 연 3회 이내에서 연구지를 발간할 수 있다.

제20조(특별위원회) 본회는 필요할 경우 특별위원회를 둘 수 있으며 위원회의 구성 및 위원회별 각 소관업무 등 운영사항은 이사회에서 따로 정한다.

제7장 재정 및 회계

제21조(재정) 본회에 소요되는 경비는 다음의 수입금으로 충당한다.

1. 입회금 및 회비

2. 각종 강의 및 학술회의 등록금

3. 보조금 및 찬조금

4. 기타 수입금

제22조(회계) 본회의 회계연도는 매년 1월 1일부터 12월 31일까지로 하며 연 1회 회계감사를 실시한다.

* 임상미술치료사 자격증 발급 시 교육과정을 이수하였다 하더라도 자격과정위원회 회의를 거쳐 부적합하다고 판단되었을 시에는 자격증 발급이 제한될 수 있음
* 임상미술치료사 자격증을 수여한 자 중 임상미술치료사로서의 자격에 결격사유가 있을 시에는 자격관리위원회에서 자격유지 여부를 심의하여 자격을 박탈할 수 있음

PART 03

질환별 임상미술치료 활용 척도

질환별 임상미술치료 활용 척도

▶ ADHD 소아 청소년용 임상미술치료척도

1. 코너스 단축형 부모 평정 척도(CAPRS: Conners Abbreviated Parent Rating Scale)

2. 주의집중 결함 과잉행동 평정지(Attention Deficit Hyperactivity Disorfer Rating Scale)

3. WWP 활동평정 척도(WWPARS: Werry-Weiss-Peters Activing Rating Scale)

4. 아동·청소년 행동평가척도(K-CBCL: Korean Child Behavior Checklist)

5. 집-나무-사람 그림검사(HTP: House-Tree-Person Test)

6. 동적 가족화(KFD: Kinetic Family Drawing)

7. 동적 학교생활화(KSD: Kinetic School Drawing)

8. 자화상 그림 검사(Self-portrait Drawing Test)

9. 자아존중감 그림척도(Self-esteem Drawing Scale)

10. Beck 우울 척도(BDI: Beck Depression Inventory)

11. 자아존중감 척도(RSES: Rosenberg Self-Esteem Scale)

▶ ADHD 성인용 임상미술치료척도

1. Barkley 아동기 ADHD 증상척도
2. 코너스 성인 ADHD 평정척도·한국판(CAARS-K: Conners' Adult ADHD Rating Scale Korean)
3. 집-나무-사람 그림검사(HTP: House-Tree-Person Test)
4. 동적가족화(KFD: Kinetic Family Drawing)
5. 자화상 그림검사(Self-portrait Drawing Test)
6. 자아존중감 그림척도(Self-esteem Drawing Scale)
7. Beck 우울척도(BDI: Beck Depression Inventory)
8. 자아존중감척도(RSES: Rosenberg Self-Esteem Scale)

▶ 재활환자용 임상미술치료척도

1. 도형, 색 그리기(FCC: Figure Color Copying)
2. 구름, 집, 나무 그리기(CHTC: Cloud House Tree Copying)
3. 선 나누기 (LB: Line Bisection)
4. 시계그리기 검사(CDT: Clock Drawing Test)
5. 공간기억구성평가(SMMT: Spatial Memory Montage Technique)

▶ PTSD 환자용 임상미술치료척도

1. Beck 불안검사(BAI: Beck Anxiety Inventory)
2. Beck 우울검사(BDI: Beck Depression Inventory)
3. 우울증 자가진단 테스트(CES-D: Center for Epidemiological Studies-Depression Scale)
4. 사건충격척도(IES-R: Impact of Event Scale-Revised)
5. DAS(Draw-a-story)

▶ 정신분열병 환자용 임상미술치료척도

1. 풍경구성법(L.M.T: Landscape Montage Technique)
2. 버클리 정서표현척도(BEQ: Berkeley Expressivity Questionnaire)
3. 대인관계 변화척도(RCS: Relationship Change Scale)

▶ 암 환자용 임상미술치료척도

1. 한국판 세계보건기구 삶의 질 간편형 척도(Korea Version WHOQOL-BREF)
2. 우울과 신체 증상 평가척도(The Depression and Somatic Symptoms Scale)
3. Beck 불안검사(BAI: Beck Anxiety Inventory)

4. 자화상 그림 검사(Self-portrait Drawing Test)

5. 자아존중감 그림척도(Self-esteem Drawing Scale)

6. 통증평가척도(VAS)

▶ 호스피스 환자용 임상미술치료척도

1. 자화상 그림 검사(Self-portrait Drawing Test)

2. 자아존중감 그림척도(Self-esteem Drawing Scale)

3. 통증평가척도(VAS: Visual Analogue Scale)

임상미술치료 척도지

PART 04

임상미술치료 척도지

코너스 단축형 부모 평정척도(CAPRS: Conners Abbreviated Parent Rating Scale)

◆ ADHD 아동의 주요한 행동문제를 부모와 교사가 평가하는 것으로 Conners(1970)가 93문항으로 제작한 것을 Goyette Conners와 Ulrich(1978) 가 10문항으로 축약하여 개정하였고, 이를 국내에서 오경자, 이혜련(1989)이 번안한 것.

1. 차분하지 못하고 지나치게 활동적이다	0 1 2 3
2. 쉽게 흥분하고 충동적이다	0 1 2 3
3. 다른 아이들에게 방해가 된다	0 1 2 3
4. 한번 시작한 일을 끝내지 못하고, 주의집중 시간이 짧다	0 1 2 3
5. 늘 안절부절못한다	0 1 2 3
6. 주의력이 없고 쉽게 주의가 분산된다	0 1 2 3
7. 요구하는 것은 금방 들어주어야지 그렇지 않으면 쉽게 좌절한다	0 1 2 3

8. 자주 또 쉽게 울어버린다	0 1 2 3
9. 금방 기분이 확 변한다	0 1 2 3
10. 화를 터뜨리거나 감정이 격하기 쉽고, 행동을 예측하기 어렵다	0 1 2 3

※ 측정방법:

1) 대상: 7~17세 아동과 청소년의 부모

2) 방법: 학생의 부모가 평정하는 척도로 총 10문항 구성. 총점의 범위는 0~30점이며 각 문항의 총점을 합산하여 16점 이상일 경우 ADHD를 의심하게 된다. 교사가 사용할 경우 17점을 기준점으로 한다.

주의집중 결함 과잉행동 평정지(Attennon Degict Hyrcrachting Disorder Rating Scale: ADHD RS)

◆ R. A. Barkley의 동의로 주의력결핍 및 과잉행동 장애: 「진단 및 치료를 위한 지침서」(Guilford Pres, New York, 1990)에서 재발행된 것.

이름: 나이: 학년: 작성일자:

아이에게 가장 적합한 칸의 숫자에 동그라미표를 하십시오.

구분	전혀 그렇지 않다	조금 그렇다	많은 편이다	매우 많은 편이다
1. 자리에서 가만히 있지 못하고 몸을 꼼지락거린다	1	2	3	4
2. 자리에 계속해서 앉아 있는 것이 힘들다	1	2	3	4
3. 쉽게 산만해진다	1	2	3	4
4. 단체에서 차례를 기다리는 것이 힘들다	1	2	3	4

5. 질문에 대한 대답을 불쑥 말해버릴 때가 많다	1	2	3	4
6. 지시를 따르는 것이 힘들다	1	2	3	4
7. 과제에 계속해서 주의를 유지하는 것이 힘들다	1	2	3	4
8. 한 가지 활동을 끝내기도 전에 다른 활동을 시작하는 일이 많다	1	2	3	4
9. 조용히 노는 것이 힘들다	1	2	3	4
10. 지나치게 말이 많을 때가 많다	1	2	3	4
11. 다른 사람들을 방해하거나 침범할 때가 많다	1	2	3	4
12. 귀를 기울이는 것 같지 않을 때가 많다	1	2	3	4
13. 과제에 필요한 물건을 잃어버릴 때가 많다	1	2	3	4
14. 결과를 생각하지 않고 육체적으로 위험한 활동에 참여하는 일이 많다	1	2	3	4

※ 측정방법: 14개 문항 중 9개 문항에서 문제가 있는 것으로 ADHD 학생 판단.

WWP 활동평정척도(WWPARS: Werry-Weiss-Peters Activing Rating Scale)

◆ 놀이행동, 여가시간 활용, 식사시간 등 여러 상황에서 아동의 과잉행동의 정도를 평가할 수 있는 도구로서 22개 항목으로 구성(Garber, 1990).

아동의 이름: 부모의 이름: 날짜:

아래의 항목을 하나씩 읽고, 댁의 자녀가 전혀 그런 행동을 하지 않거나 거의 그런 일이 없다면, 「아니요」에 동그라미를 치시고, 간혹 그런 일이 있다면 「약간」에, 그런 일이 많다면 「많이」에, 그리고 그 문항이 댁의 자녀의 경우 해당하지 않는다면

「해당 안됨」에 동그라미를 치시오.

1. 식사 도중에 밥상에서 일어났다 앉았다 합니까?
   아니요　（　）　　약간　　（　）　　많이　　（　）　　해당 안 됨　（　）

2. 식사 도중에 다른 사람이 무슨 말을 하려고 할 때 가로막는 일이 있습니까?
   아니요　（　）　　약간　　（　）　　많이　　（　）　　해당 안 됨　（　）

3. 식사 도중에 이것저것 만지작거립니까?
   아니요　（　）　　약간　　（　）　　많이　　（　）　　해당 안 됨　（　）

4. 식사 도중에 몸을 비비 틉니까?
   아니요　（　）　　약간　　（　）　　많이　　（　）　　해당 안 됨　（　）

5. 식사 도중에 말을 너무 많이 합니까?
   아니요　（　）　　약간　　（　）　　많이　　（　）　　해당 안 됨　（　）

6. TV를 볼 때 프로 중간에 일어났다 앉았다 합니까?
   아니요　（　）　　약간　　（　）　　많이　　（　）　　해당 안 됨　（　）

7. TV를 볼 때 몸을 비비 틉니까?
   아니요　（　）　　약간　　（　）　　많이　　（　）　　해당 안 됨　（　）

8. TV를 볼 때 물건이나 자기 몸을 가지고 장난합니까?
   아니요　（　）　　약간　　（　）　　많이　　（　）　　해당 안 됨　（　）

9. TV를 볼 때 말을 너무 많이 합니까?
   아니요　（　）　　약간　　（　）　　많이　　（　）　　해당 안 됨　（　）

10. TV를 볼 때 다른 사람이 TV 보는 것을 방해하는 일이 있습니까?
    아니요　（　）　　약간　　（　）　　많이　　（　）　　해당 안 됨　（　）

11. 조용히 놀 줄 모릅니까?
    아니요　（　）　　약간　　（　）　　많이　　（　）　　해당 안 됨　（　）

12. 놀 때, 장난감을 이것 만졌다가 저것 만졌다 합니까?
    아니요　（　）　　약간　　（　）　　많이　　（　）　　해당 안 됨　（　）

13. 놀 때, 어른들의 관심을 끌려고 합니까?
    아니요　（　）　　약간　　（　）　　많이　　（　）　　해당 안 됨　（　）

14. 놀 때, 너무 말을 많이 합니까?
    아니요　（　）　　약간　　（　）　　많이　　（　）　　해당 안 됨　（　）

15. 놀 때, 다른 아이들이 노는 것을 방해합니까?
    아니요　（　）　　약간　　（　）　　많이　　（　）　　해당 안 됨　（　）

16. 잠재우기가 어려운 편입니까?
    아니요　（　）　　약간　　（　）　　많이　　（　）　　해당 안 됨　（　）

17. 너무 잠이 적은 편입니까?

아니요 (　　) 약간 (　　) 많이 (　　) 해당 안 됨 (　　)

18. 자면서 많이 뒤척입니까?

아니요 (　　) 약간 (　　) 많이 (　　) 해당 안 됨 (　　)

19. 여행할 때, 가만있지 못하고 부산스럽습니까?

아니요 (　　) 약간 (　　) 많이 (　　) 해당 안 됨 (　　)

20. 쇼핑할 때, 이것저것 만지는 등 부산스럽습니까?

아니요 (　　) 약간 (　　) 많이 (　　) 해당 안 됨 (　　)

21. 예배 중이나, 영화관람 중에 부산스럽습니까?

아니요 (　　) 약간 (　　) 많이 (　　) 해당 안 됨 (　　)

22. 친척집에 방문할 때, 가만있지 못하고 부산스럽습니까?

아니요 (　　) 약간 (　　) 많이 (　　) 해당 안 됨 (　　)

※ 측정방법: 각 항목은 '아니요', '약간', '많이'로 평정되어 각 0, 1, 2점을 배정하여서 전체 점수가 20점 이상이면 과잉행동으로 간주.

아동·청소년 행동 평가척도(K-CBCL: Korean Child Behavior Checklist)

◆ Achenbach(1991)가 제작한 미국판 CBCL(Child Behavior Checklist)을 번역하여 표준화한 것으로 만 4~17세 아동 및 청소년을 대상으로 그 부모가 아동의 사회적 적응 및 문제행동을 설문형식으로 평가하는 도구.

※ 측정방법

1) 대상 아동의 연령: 4세에서 17세 남녀 아동

2) 검사 시간: 평균 15~20분

3) 평가자: 부모, 아동과 거주하는 성인

4) 평가방법: 개별 또는 집단

5) 채점 방법

(1) 각 척도별 점수 범위

가. 사회능력 척도: 0~13점

① 사회성 척도: 0~8

② 학업수행 척도: 0~5

나. 문제행동증후군 척도

① 위축 척도: 0~18점(9개 문항)

② 신체증상 척도: 0~18점(9개 문항)

③ 불안/우울 척도: 0~28점(14개 문항)

④ 사회적 문제 척도: 0~16점(8개 문항)

⑤ 사고의 문제 척도: 0~14점(7개 문항)

⑥ 주의집중 문제 척도: 0~22점(11개 문항)

⑦ 비행 척도: 0~26점(13개 문항)

⑧ 공격성 척도: 0~40점(20개 문항)

⑨ 내재화 문제 척도: 0~62점[(위축+신체적 증상+우울/불안)-문항 103]

⑩ 외현화 문제 척도: 0~66점(비행+공격성)

⑪ 성문제 척도: 0~12점(4~11세에만 적용)

⑫ 정서불안정 척도: 0~20점(6~11세만 적용: 우리나라에만 적용)

⑬ 총 문제행동 척도: 0~234점(문항 1에서 문항 112까지의 합)-(문항 2+문항 4)

6) 해석

① 문제행동 증후군 척도는 해당 문항의 점수를 합한 원점수를 프로파일에서 해당 연령군에서 찾아 표시한 후 연결하면 프로파일을 그릴 수 있다.

② 프로파일의 왼쪽에는 백분위 점수(%)가, 오른쪽에는 T점수가 제시되어 있다.

③ 총 사회능력 점수는 부록 9에 제시된 규준표에서 백분위 점수와 T점수를 찾아서 기록한다.

④ 내재화 문제 척도, 외현화 문제 척도, 총 문제행동 증후군 점수는 부록 10에서 백분위 점수와 T점수를 찾아서 기록한다.

⑤ 특수척도인 성문제 척도와 정서불안정 척도는 부록 11에서 백분위 점수와 T점수를 찾아 기록한다.

⑥ 프로파일 내부에 표시된 가로 선을 기준으로 사회능력 척도의 경우 하단에 해당하면 임상 범위로 볼 수 있으며, 문제행동 증후군 척도의 경우 상단에 해당하면 임상범위로 간주할 수 있다.

집-나무-사람 그림 검사(HTP: House-Tree-Person Test)

◆ 투사적 그림검사로 Buck(1948)은 Freud의 정신분석학을 바탕으로 HTP를 발달시켰으며, 원래는 지능 검사의 보조적인 수단으로 고안되었으나, 이후 지능과 성격 모두를 측정하는 수단으로 발전.

1) 실시방법

① "지금부터 그림을 그려봅시다. 잘 그리고 못 그리는 것과는 상관없으니 자유롭게 그려 보세요"라고 지시

② 피검자에게 16절지 한 장을 가로로 제시하며 "여기에 집을 그려 보세요"라고 지시하고, 그리는 시간을 측정하기

③ 집 그림이 끝나면 두 번째 종이를 세로로 제시하며 "이번에는 나무를 그려 보세요"라고 지시하고 그리는 시간을 측정하기

④ 나무 그림이 끝나면 세 번째 종이를 세로로 제시하며 "여기에 사람을 그려 보세요"라고 지시하기(※ 전신 그림으로 만화적이거나 뼈대만 그리는 것을 지양하고 '온전한 사람'을 그리도록 지시) ⇒ 다 그리면 그림의 성별을 묻기 ⇒ 첫 번째 사람 그림이라는 점을 완성된 종이에 표시

⑤ 네 번째 종이를 세로로 제시하면서 방금 그린 그림의 반대 성을 그리도록 지시하고 시간을 측정

⑥ 검사 수행 시 피검자의 말과 행동을 관찰, 기록해 두기

집

이 집에는 누가 살고 있습니까?
이 집에 사는 사람은 어떤 사람(들)입니까?
이 집안의 분위기는 어떻습니까?
당신이라면 이 집에서 살고 싶을 것 같습니까?
이 그림에 더 첨가해서 그리고 싶은 것이 있습니까?
당신이 그리고 싶은 대로 잘 그려졌습니까?
  그리기 어렵거나 잘 안 그려진 부분이 있습니까?
(이해하기 힘든 부분에 대해) 이것은 무엇입니까? 어떤 이유로 그렸습니까?

이 나무는 어떤 나무입니까?
이 나무는 몇 살 정도 되었습니까?
지금의 계절은 언제입니까?
이 나무의 건강은 어떻습니까?
이 나무는 어디에 있습니까?
이 나무의 주변에는 무엇이 있습니까?
만약 이 나무가 사람처럼 감정이 있다면, 지금 이 나무의 기분은 어떨까요?
나무에게 소원이 있다면 무엇이 있을까요?
앞으로 이 나무는 어떻게 될 것 같습니까?
이 그림에 더 첨가해서 그리고 싶은 것이 있습니까?
당신이 그리고 싶은 대로 잘 그려졌습니까?
  그리기 어렵거나 잘 안 그려진 부분이 있습니까?
(이해하기 힘든 부분에 대해) 이것은 무엇입니까? 어떤 이유로 그렸습니까?

이 사람은 무엇을 하고 있습니까?
이 사람은 몇 살쯤 됐습니까?
이 사람의 직업은 무엇입니까?
지금 기분이 어떤 것 같습니까?
무슨 생각을 하고 있는 것 같습니까?
당신은 이 사람을 닮았습니까?
이 사람의 일생에서 가장 좋았던 일은 무엇이었을 것 같나요?
  가장 힘들었던 일은 무엇이었을 것 같나요?
당신은 이 사람이 좋습니까? 싫습니까?
당신은 이러한 사람이 되고 싶습니까?
당신은 이 사람과 친구가 되어 함께 생활하고 싶습니까?
(이해하기 힘든 부분에 대해) 이것은 무엇입니까? 어떤 이유로 그렸습니까?

※ 측정방법

(1) 구조적 해석

가) 순서

인물상의 경우 머리부터 그려 나가는 것이 일반적인데, 발 → 머리 → 무릎 →

다리의 순서로 그린다면, 사고장애의 지표로 볼 수 있다.

나) 그림의 크기

① 나이가 어린 아동이 그림을 크게 그릴 경우 이는 주로 과활동성, 공격성, 인지
적 미성숙과 관련되며, 청소년의 경우에는 내면의 열등감과 부적절감에 대한
과잉보상 욕구, 행동화 경향성, 충동성을 시사하는 경우가 더 많다.

② 그림을 지나치게 작게 그리는 경우는 피검자 내면에 열등감, 부적절감이 있거
나, 자신이 없고 매우 수줍어하거나 사회적 상황에서 불안감을 느끼고, 지나
치게 억제되어 있으며, 어떤 압박감을 느끼고 있을 가능성도 있다.

다) 위치

구석에 몰아서 그렸을 경우☞ 그림을 종이의 네 귀퉁이(corner)에 몰려서 그리는
것은 일반적으로 위축감, 두려움, 자신 없음과 관련될 수 있다.

라) 세부 묘사

지나치게 상세한 그림을 그리는 것은 자신과 외계와의 관계를 적절히 통합하지
못하는 사람, 환경에 대해 지나친 관심을 가지고 중요한 것과 그렇지 않은 것을
구별하지 못하는 강박적인 사람, 정서장애자, 신경증환자, 초기분열증, 뇌 기질장
애자 등의 그림에서 자주 나타난다.

마) 생략과 왜곡

그림의 어떤 부분이 생략되거나 왜곡되어 있는 경우에는 그 부분이 피검사자에
게 있어서 갈등이 되고 있음을 나타낸다.

(2) 내용적 해석

가) 집(House) 그림의 해석

집은 가족이 함께 모여서 사는 공간이다. 때문에 집 그림에는 내면에 가지고 있는 가족, 가정생활, 가족관계, 가족구성원 각각에 대해 가지고 있는 표상, 생각, 그와 관련된 여러 감정, 소망들이 투영되어 나타나게 된다.

문 : 집과 외부세계를 연결하는 통로세상과 자기 자신 간의 접근 가능성을 의미

① 문에 열쇠 등의 장치를 강조하는 경우는 의심이 많거나 방어적인 감수성을 나타냄

② 문을 특별히 강조하는 것은 타인에 대한 의존심과 적극적인 대인관계를 바람

③ 문을 측면에 그렸을 경우는 도피적 경향이며 신중성을 나타냄

④ 문을 최후에 그리며 특히 강조할 경우에는 대인관계가 소극적이고 현실 도피적 경향 지님

벽 : 외적인 위협, 자아가 붕괴되는 것으로부터 자기 자신을 보호하는 자아 강도와 자아 통제력 의미

① 튼튼한 벽은 완강한 자아를 나타냄

② 얇은 벽은 약한 자아, 상처입기 쉬운 자아를 나타냄

③ 과잉 강조된 수평적 차원은 실용주의와 근거에 대한 욕구를 나타냄

④ 과잉 강조된 수직적 차원은 적극적인 환상적 생활을 나타냄

⑤ 부서진 벽들은 분열된 성격을 나타냄

⑥ 벽의 면에 아무것도(문등) 그리지 않는 그림은 현실 도피적 사고, 우울, 대인관계 등의 결핍이 심하고, 정신분열적인 반응으로 의심됨

창문 : 대인관계와 관련된 피검자의 주관적인 경험, 환경과 상호 작용할 수 있는 능력

① 창문이 그려지지 않은 것은 철회와 상당한 편집증적 경향성을 나타냄

② 많은 창문은 개방과 환경적 접촉에 대한 갈망을 나타냄

③ 커튼이 처진 창문은 가정에서의 아름다움에 대한 관심, 수줍은 접근을 나타냄

④ 대단히 작은 창문은 심리적인 거리감, 수줍음을 나타냄

지붕 : 내적인 공상 활동, 자기 자신의 생각이나 관념, 기억과 같은 내적 인지 과
정과 관련됨

① 지붕이 크고 다른 부분이 작은 집: 과도한 공상과 대인관계가 후퇴적 경향
을 지님

② 벽과 함께 그린 지붕: 심한 공상적 사고이며, 정신분열증으로 의심이 가는
자로 볼 수 있음

③ 지붕인지 선인지 지붕의 높이가 없는 집을 그리는 자: 정신지체에게 많음

④ 지붕의 선이 약한 그림: 자기 통제가 약함을 의미

⑤ 지붕의 선을 강하게 표시하는 자: 공상적 경향이 자기 통제로부터 벗어날
까 두려워하는 자기 방어를 뜻하고 불안신경증 환자에게 많음

⑥ 지붕의 기왓장을 하나하나 선으로 면밀하게 그리는 자: 강박적인 자에게
많이 나타남

⑦ 지붕이 파괴되거나 금이 간 그림: 자기 통제력이 억압당하고 있는 것을 의미함

나) 나무(Tree) 그림의 해석

(1) 순서에 의한 분석

① 지면의 선을 그리고 나무 그리기: 타인에게 의존적이며 타인으로부터 인정
받고 싶어함

② 나무를 그린 후 지면의 선 그리기: 처음에는 침착하지만 곧 불안해지며 타

인 의 인정을 구하는 사람

③ 잎을 맨 먼저 그리기: 마음의 안정성이 없고 표면적인 허영과 허식을 구하는 경향이 있음

(2) 내용 분석

① 나무에 있는 동물들: 동물들은 그림을 그린 사람이 동일시할 수 있는 인물을 나타내며 행동에 대해서 연속적으로 박탈 경험을 가진 사람에게서 그려짐

② 나무껍질이 벗겨진 경우: 어렵고 난폭한 생활. 진하게 그려진 것은 불안감

③ 나무껍질을 지나치게 상세히 그려진 것: 강박감, 완고함, 강박관념을 통제하기 위한 조심스러운 시도를 의미함

④ 죽은 가지들은 생활의 일부에서의 상실감이나 공허함을 나타냄

⑤ 가지 위에 지은 나무집은 위협적인 환경에서의 보호를 찾기 위한 시도를 나타냄

⑥ 커다란 줄기에 대해 가느다란 가지들은 환경에서 만족을 얻을 수 없음을 나타냄

⑦ 언덕 위에 있는 나무는 종종 정신적인 의존성을 보여주며 특별히 나무가 단단하고 크다면, 위로 올라가고자 하는 노력을 뜻함

⑧ 커다란 잎들은 부적합성과 관련된 의존성을 나타냄

⑨ 어린나무는 미성숙이나 공격성을 나타냄

동적 가족화(KFD: Kinetic Family Drawing)

◆ 최초로 가족화를 개발한 사람은 Hulse(1951)이며 이후 Hammer(1958)에 의해 가족 내에서의 개인 욕구와 압력, 관계성에 대한 연구로 확장했다. 이 시기까지는 가족화에서 상호 관계를 파악할 수는 없었고 Burns(1970)와 Kaufman(1972)에 의해서 정신분석이론, 장이론, 지각의 선택성 이론 등을 고려한 동적 가족화가 개발되면서 이를 통해 가족 내에서의 상호작용을 보다 쉽게 파악할 수 있게 됨.

1) 실시방법

– 백지(A4 용지), 연필(HB나 4B 정도), 지우개

(연필화로 하는 것은 색채에 부여되는 심상과 감정을 제외시키기 위해서 ⇒ 색채화를 하면 환자가 색채에 대해 부여하는 심상과 감정이 복잡해짐.)

– A4 크기의 용지를 가로 면이 되도록 놓아주고 '자신을 포함하여 가족 모두가 무엇인가를 하는 모습으로 그려보세요. 막대기나 만화 같은 모습이나 움직이지 않고 서 있는 사람이 아니라 무엇인가를 하고 있는 장면, 즉 어떤 종류의 동작을 하고 있는 것을 생각해서 그려보세요'라고 검사 지시를 내리되, '자신도 그리는 것을 잊어서는 안 됩니다'라고 한 번 더 자신을 포함한다는 것을 상기시켜준다.

– 지시 후에는 완성될 때까지 검사실 밖으로 나와 있는 것이 도움이 되며 완성 후에는 아래의 몇 가지 질문을 하여 기록해둔다.

♠ 그림 속의 인물상을 그린 순서는?

♠ 각 인물은 누구인가?

♠ 연령은?

♠ 무엇을 하고 있는가?

♠ 가족 중 생략된 사람이 있는가?

♠ 가족 외에 첨가된 사람은 있는가?

– 상세하지 않은 그림을 다시 확인하고, 기록의 산만을 방지하고 정확한 자료를 얻기 위한 것이다. 또한 환자의 그림에 대한 확인 질문이 애매한 가족인지에 통찰을 촉진하여 상담효과를 수반하는 경우도 있다.

※ 측정방법

(1) 양식(styles)

① 일반적 양식: 보통의 신뢰감에 가득 찬 관계를 체험하고 있는 아동의 그림이다. 복잡한 혹은 명백한 장벽을 나타내지 않고 온화한 우호적인 상호관계를 암시하는 그림을 그린다.

② 구분: 하나 또는 그 이상의 직선이나 곡선을 사용하여, 그림에서 인물들을 의도적으로 분리하는 경우이다. 또는 미리 용지를 접어서 몇 개의 사각형의 테를 만들고 그 안에 가족 구성원을 각각 그리는 경우도 있는데 이것은 구분의 극단적 양식이다. 솔직한 애정표현이 허용되지 않을 때, 내성적인 아동에게서 나타난다. 다른 가족 구성원으로부터 그들 자신과 그들의 감정을 철회하고 분리시키려는 욕구를 표현한다.

③ 포위: 하나 또는 그 이상의 인물을 어떤 사물이나 선으로 둘러싸는 경우이다. 위협적인 개인을 분리하거나 치우고 싶은 욕구로서 가족과의 관계에서 자기 자신이 개방적인 감정적 태도를 갖지 못할 때, 가족원 혹은 자기 자신을 닫아버리는 양식이다. 두 인물을 함께 포위할 때 둘 사이를 밀접하게 동일시하는 경향이 있다. 주로 책상, 그네, 줄넘기, 자동차 등으로 교묘히 표현되는 경우가 있다.

④ 가장자리: 인물상을 용지의 주변에 나열해서 그리는 경우이다. 이 양식은 상당히 방어적이며 문제의 핵심에서 좀 회피하려는 경향이 있다. 또한 친밀한 관계를 맺는 데 대한 강한 저항을 나타낸다.

⑤ 인물하선: 자신 혹은 특정 가족 구성원에 대해서 불안감이 강한 경우에 그 인물상의 아래에 선을 긋는 경우가 있다.

⑥ 상부의 선: 한 선 이상이 전체적 상단을 따라서 그려졌거나 인물상 위에 그려진 경우이다. 용지의 상부에 그린 선은 날카로운 불안 또는 산만한 걱정 또는 공포가 존재함을 의미한다.

⑦ 하부의 선: 한 선 이상이 전체적 하단을 따라서 그려진 경우이다. 붕괴 직전에 놓여 있는 가정이라든가 강한 스트레스하에 있는 아동이 안정을 강하게 필요로 하고 또 구조받고 싶은 욕구가 강할 때 나타낸다.

(2) 인물상의 행위 (actions)

첫째, 행위의 상호작용 측면에서 볼 수 있다. 가족 모두가 상호작용하고 있는가 아니면 일부가 상호작용하고 있는가, 상호작용 행위가 없는가에 따라 가족의 전체적 역동성을 볼 수 있다.

둘째, 각 인물상의 행위 중심으로 가족 내 역할유형 등을 알 수 있다. 주로 아버지, 어머니, 자기상을 중심으로 분석하는데 그 이유는 이 세 사람이 공통되는 가족구성원이라는 점과 자녀에게 있어서 부모는 성격형성의 중요한 장을 형성해주기 때문이다. 대체로 아버지상은 TV, 신문보기, 일하는 모습이 많이 나타나고, 어머니상은 부엌일이나 청소 등과 같은 가사를 하고 있는 모습을, 자기상은 공부, TV 보기, 노는 모습 등으로 그려져 있다. 그러나 행위에 대한 해석은 전체적 관점에서 해석되어야 한다.

(3) 역동성 (dynamics)

① 인물묘사의 순위: 가족 내의 일상적 서열을 반영하는 경우가 많다. 때문에 특정 인물이나 자기상이 제일 먼저 그려진 경우에 환자의 가족 내 정서적 위치에 대해서 특별히 고찰할 필요가 있다.

② 인물상의 위치: 용지를 상하로 구분했을 때, 위쪽으로 그려진 인물상은 가족 내 리더로서의 역할이 주어지고 있는 인물을 나타낸다. 반대로 아래쪽은 억울함이나 침체감과 관계한다. 좌우로 구분했을 때 우측은 외향성과 활동성에 관계하고, 좌측은 내폐성이나 침체성과 관여한다. 일반적으로 자기상을 남자는 우측에, 여자는 좌측에 그리기 쉽다. 적절히 적응하는 사람들은 남녀 모두 자기상을 우측에 그리는 경우가 많다. 만약 아동이 중앙부에 자기상을 그렸을 때는 자기중심적이거나 미성숙한 인격을 의미하기도 한다.

③ 인물상의 크기: 무의식적 수준에 있어서는 개개의 가족구성원에 대한 관심의 정도가 인물묘사의 상대적인 크기로 투영된다고 할 수 있다. 그림 내의 인물상의 상대적 크기를 검토하는 것은, 그것이 인간관계 인지의 양상을 나타내

는 기본적인 인물묘화의 특징인 만큼 임상적 의의는 크다. 키가 크게 나타나는 것은 존경받는 대상을 나타내거나, 권위의 대상이거나, 긍정적이든 부정적이든 중심적 위치에 있음을 의미하고, 키가 작게 나타난 것은 경멸이나 무시의 의미가 될 수도 있다.

④ 인물상의 생략: 인물상을 지운 흔적은 지워진 개인과의 양가감정 또는 갈등이 있음을 시사할 수도 있고 강박적이거나 불안정한 심리상태일 때도 나타난다. 또는 용지의 뒷면에 그리는 경우는 그 개인과의 간접적인 갈등을 시사한다.

⑤ 인물상 간의 거리: 인물상 간의 거리는 환자가 본 그들 사이의 친밀성의 정도나 혹은 감정적 거리를 의미할 수도 있다. 인물상이 겹치거나 접촉되어 있을 때 두 개인 간에 친밀함이 존재함을 의미한다. 반대로 거리가 먼 두 인물상 간에는 실제 생활에서도 상호작용이나 의사소통이 소원한 경우가 많다.

⑥ 인물상의 방향: 그려진 인물상의 얼굴의 방향이 '정면', '측면', '배면' 어느 것인가 하는 점은 임상적 의미가 크다. 이것은 환자의 가족관계 방향을 표현하고 있다. 얼굴 방향에 있어서 정면은 긍정, 옆면은 반긍정 혹은 반부정, 배면은 부정적인 인물로 지각한다고 볼 수 있다.

⑦ 타인의 묘사: 가족구성원이 아닌 타인이 동적 가족화에 그려지는 경우 가족 내의 누구에게도 마음을 허락할 수 없는 상태에 있음을 지적할 수 있다. 주로 환자의 친구이다. 묘사된 타인과는 매우 친밀함을 나타낸다.

동적 학교생활화(KSD: Kinetic School Drawing)

◆ Knoff와 Prout(1988)은 아동과 청소년들이 학교 내에서 그들과 관련성이 있는 학교인물, 즉 자신, 친구들, 교사가 무엇인가를 하고 있는 그림을 그리게 함으로써, 학교 환경 내에서의 상호관계 및 학업 성취성을 알아낼 수 있다는 생각하에 학교생활 그림을 개발.

1) 실시방법

- A4 용지, 4B 연필, 지우개
- "자신과 선생님, 한 명 또는 한 명 이상의 친구가 무엇인가를 하고 있는 그림을 그려주세요. 막대기나 만화 같은 모습이 아닌 완전한 사람을 그리세요. 모두가 무엇인가를 하고 있는 것을 꼭 그리시기 바랍니다"라고 지시한다.
- 용지의 방향은 환자가 자유롭게 선택하도록 하며 시간제한은 하지 않아도 되지만, 30분 정도 소요된다. 그리는 도중 여러 가지 질문에 대해서는 "자유입니다, 그리고 싶은 대로 그리세요"라고 하고 어떠한 단서도 주지 않도록 한다.
- 다 그리고 나서 그린 인물 위에 순서를 적고 그린 인물 위에 누구인지를 기록하며 그 사람이 무엇을 하고 있는지를 기록한다.

※ 측정방법: Burns와 Kaufman(1988) 채점기준

1. 인물상의 협동성

구분	1	2	3
협동성	나	교사	교우
협동성이 없다	0	0	0
협동성이 있다	1	1	1

2. 인물상의 피학성

구분	4	5	6
피학성	나	교사	교우
피학성이 있다	0	0	0
피학성이 없다	1	1	1

3. 인물상의 가학성

구분	7	8	9
가학성	나	교사	교우
가학성이 있다	0	0	0
가학성이 없다	1	1	1

4. 얼굴 내부표현

구분	10	11	12
얼굴	나	교사	교우
얼굴 내부가 없다	0	0	0

눈만, 코만, 입만, 귀만 있다	1	1	1
눈, 코 혹은 눈, 입만 그려져 있다	2	2	2
눈, 코, 입 있다	3	3	3
눈, 코, 입, 귀 있다	4	4	4

5. 얼굴 표정

구분	13	14	15
표정	나	교사	교우
없다(내부가 없다)	0	0	0
비우호적	1	1	1
무표정	2	2	2
우호적	3	3	3

6. 눈 강조

구분	16	17	18
눈	나	교사	교우
생략	0	0	0
강조(크기, 눈동자, 속눈썹)	1	1	1
강조 안 함	2	2	2

7. 입 강조

구분	19	20	21
입	나	교사	교우
생략	0	0	0

입을 강조했다(입술선, 크기)	1	1	1
입을 강조하지 않았다	2	2	2

8. 자세 경직

구분	22	23	24
자세	나	교사	교우
경직되어 있다	0	0	0
경직되어 있지 않다	1	1	1

9. 필압

구분	25	26	27
필압	나	교사	교우
필압이 약하다	0	0	0
필압이 보통이다	1	1	1
필압이 강하다	2	2	2

10. 선

구분	28	29	30
선	나	교사	교우
여러 번에 걸쳐 그린 스케치선	0	0	0
한 번에 그린 매끄러운 선	1	1	1

11. 인물상 간의 방향

구분	31	32	33
방향	나	교사	교우
생략	0	0	0
서로 안 본다	1	1	1
서로 본다	2	2	2

12. 인물상 간의 상호작용

구분	34	35	36
상호작용	나	교사	교우
없다	0	0	0
(한 가지 이상의 상호작용이 있다)	1	1	1

13. 포위

구분	37	38	39
포위	나	교사	교우
있다	0	0	0
없다	1	1	1

자화상 그림 검사(Self-portrait Drawing Test)

◆ 김선현, 정지영(2011)에 의해 개발된 미술치료 척도로 전신자화상을 그리게 하여 미술치료 전후 환자의 자아존중감을 비교하는 것: 임상미술치료학 연구 2011.6(1).13-23.

▣ '남이 보는 나'를 <u>사람</u>으로 그려주세요. <u>머리부터 발끝까지</u> 전신으로 가능한 한 정성껏 그려주십시오.

♠ 그림에서 '나'의 나이는?____세
♠ 그림에서 '나'의 기분은 어떠한가요?_____

■ '내가 생각하는 나'를 <u>사람</u>으로 그려주세요. <u>머리부터 발끝까지</u> 전신으로 가
    능한 한 정성껏 그려주십시오.

♠ 그림에서 '나'의 나이는?_____세
♠ 그림에서 '나'의 기분은 어떠한가요?_____

※ 측정방법

자아존중감 그림척도(Self-esteem Drawing Scale)

문항번호 및 내용	YES	NO
1. 눈썹의 유무에 차이가 있다		
2. 눈썹의 모양[1])에 차이가 있다		
3. 눈의 모양에 차이가 있다		
4. 눈의 크기에 차이가 있다		
5. 눈동자의 유무에 차이가 없다		
6. 코의 유무에 차이가 있다		
7. 코의 모양[2])에 차이가 없다		
8. 코의 위치[3])에 차이가 있다		
9. 입의 유무에 차이가 있다		
10. 입의 모양[4])에 차이가 있다		
11. 입의 크기[5])에 차이가 있다		
12. 입의 위치[6])에 차이가 없다		

공통 1) 길이, 너비, 크기와 관련된 항목은 눈금자를 활용한다.

공통 2) 눈금자를 활용하는 문항은 큰 값을 기준으로 오차 10% 이내는 차이가 없는 것으로 본다.

1) 눈썹이 생략된 경우, 눈썹의 모양은 차이가 있는 것으로 본다. 눈썹의 음영은 차이가 없는 것으로 본다.

2) 코가 생략된 경우, 코의 모양은 차이가 있는 것으로 본다.

3) 2)와 동일함.

4) 입이 생략된 경우, 입의 모양에 차이가 있는 것으로 본다. 웃는 입을 그린 경우에도 입의 형태가 다르면 차이가 있는 것으로 간주한다.

5) 입이 생략된 경우, 4)와 동일함.

6) 입이 생략된 경우, 4)와 동일함.

7) 목이 생략된 경우, 목의 모양에 차이가 있는 것으로 본다.

문항번호 및 내용	YES	NO
13. 목의 유무에 차이가 있다		
14. 목의 모양에 차이가 있다 [7]		
15. 목의 길이[8]에 차이가 없다		
16. 턱 윤곽의 유무에 차이가 있다		
17. 어깨의 모양에 차이가 있다		
18. 어깨의 너비에 차이가 있다		
19. 어깨와 팔이 연결되는 부위의 모양에 차이가 있다		
20. 몸통의 길이[9]에 차이가 없다		
21. 몸통의 너비[10]에 차이가 없다		
22. 양팔의 유무에 차이가 있다		
23. 팔의 길이[11]에 차이가 있다		
24. 양다리의 유무에 차이가 있다		
25. 다리의 모양에 차이가 없다 [12]		
26. 다리의 길이에 차이가 있다		
27. 양손의 유무에 차이가 있다		
28. 손의 크기[13]에 차이가 있다		

---

8) 7)과 동일함.

9) 어깨부터 상의의 하단까지 측정하는 것으로 상의의 기장을 재는 방식과 동일함. 단, 상·하의가 구별되지 않은 경우에는 어깨부터 허리까지 측정한다.

10) 가슴 부위의 너비를 측정한다. 단, 가슴의 측정이 어려운 경우에는 허리 너비를 측정한다.

11) 팔을 뒤로 감춘 경우 팔 모양이 같다면 드러난 부위의 길이를 측정하고 팔모양이 같지 않다면 차이가 있는 것으로 간주한다.

12) 여성의 그림에서 두 그림 중 하나만 긴 치마로 다리가 가려졌다면 차이가 있는 것으로 간주한다.

13) 손이 생략된 경우, 손의 크기는 차이가 있는 것으로 본다.

14) 발이 생략된 경우, 발의 모양은 차이가 있는 것으로 간주한다. 다리 모양이나 인물의 방향에 따라

문항번호 및 내용	YES	NO
29. 양발의 유무에 차이가 있다		
30. 발의 모양[14]에 차이가 있다		
31. 발의 크기[15]에 차이가 없다		
32. 몸과 의복의 경계표시[16]에 차이가 있다		
33. 획(선)의 일정함에 차이가 있다		
34. 인물의 시선[17]에 차이가 있다		
35. 인물의 위치에 차이가 있다		
36. 장식 여부에 차이가 있다		
37. 그림에서의 나이[18]에 차이가 없다		
38. 본인과 닮음 여부에 차이가 있다 [19]		
39. 얼굴 표정[20]에 차이가 없다		
40. 그림에서의 생각[21]에 차이가 있다		

※ **측정방법:** 문항의 길이, 너비, 크기 측정을 눈금자를 사용하며 10% 이내의 오
   차는 차이가 없는 것으로 간주한다. 긍정적 문항 30개와 부정적 문항 10개로
   총 40개의 문항으로 구성되었으며 긍정적 문항 'YES'는 0점, 'NO'는 1점으로 계

발모양이 달라지는 것은 차이가 없는 것으로 본다. 신발의 변화는 차이가 있는 것으로 간주한다.
15) 발이 생략된 경우, 14)와 동일함. 발의 크기 측정은 신발 사이즈 재는 방식과 동일하다.
16) 몸과 의복의 경계선이 분명히 표시되었는지, 그렇지 않은지를 비교한다.
17) 시선이 얼굴과 같은 방향인지, 그렇지 않은지를 비교한다.
18) ±5년 이내는 차이가 없는 것으로 본다.
19) 검사자의 판단에 의해 평가된다.
20) 얼굴표정에 대한 내용은 크게 ① 긍정적, ② 모르겠음, ③ 부정적으로 나눈다. 두 그림 간에 내용
   이 달라지면 차이가 있는 것으로 간주한다.
21) 20)과 동일함.

산하며 부정적 문항은 이와 반대로 계산하여 각 문항의 합을 구한다. 부정적인 문항은 5, 7, 12, 15, 20, 25, 31, 37, 39이다. 범위는 총 0점에서 40점으로 점수가 높을수록 자아존중감이 높은 것을 의미한다.

Beck 우울 척도(BDI: Beck Depression Inventory)

◆ Beck 등이 개발한 BDL를 한국판으로 개발하기 위해 이영호(1993)가 원 문항을 우리말로 먼저 번역한 후, 미국에서 활동하고 있는 심리학자와 영어학자에게 검토하게 하여 일부 수정하여 제작. 척도화를 확인하기 위하여 서울대 심리학과 대학원생, 정신과 의사, 임상심리 전문가와 전문가 수련생 등 72명에게 각 문항의 4개 질문의 순서를 뒤바꾸어 제시하여 우울의 정도를 평정. 얻어진 일치도는 51%에서 93%의 범위였으며 일치도 평균은 81%.

이름: _____ 연령: ____세 성별: 남 / 녀 작성일: _____ 년 월 일

이 질문지는 여러분이 일상생활에서 경험할 수 있는 내용들로 구성되어 있습니다. 각 내용은 모두 네 개의 문장으로 되어 있는데, 이 네 개의 문장들을 자세히 읽어보시고 그중 요즈음(오늘을 포함하여 지난 일주일 동안)의 자신을 가장 잘 나타낸다고 생각되는 하나의 문장을 선택하여 그 번호를 ( ) 안에 기입하여 주십시오. 하나도 빼지 말고 반드시 한 문장만을 선택하시되, 너무 오래 생각하지 마시고 솔직하게 응답해주시면 감사하겠습니다.

1	①	나는 슬프지 않다
	②	나는 슬프다
	③	나는 항상 슬프고 기운을 낼 수 없다
	④	나는 너무나 슬프고 불행해서 도저히 견딜 수 없다
2	①	나는 앞날에 대해서 별로 낙심하지 않는다
	②	나는 앞날에 대해서 용기가 나지 않는다
	③	나는 앞날에 대해 기대할 것이 아무것도 없다고 느낀다
	④	나의 앞날은 아주 절망적이고 나아질 가망이 없다고 느낀다
3	①	나는 실패자라고 느끼지 않는다
	②	나는 보통사람들보다 더 많이 실패한 것 같다
	③	내가 살아온 과거를 뒤돌아보면, 실패투성이인 것 같다
	④	나는 인간으로 완전한 실패자라고 느낀다
4	①	나는 전과 같이 일상생활에 만족하고 있다
	②	나의 일상생활은 예전처럼 즐겁지 않다
	③	나는 요즘에는 어떤 것에서도 별로 만족을 얻지 못한다
	④	나는 모든 것이 다 불만스럽고 싫증 난다
5	①	나는 특별히 죄책감을 느끼지 않는다
	②	나는 죄책감을 느낄 때가 많다
	③	나는 죄책감을 느낄 때가 아주 많다
	④	나는 항상 죄책감에 시달리고 있다
6	①	나는 벌을 받고 있다고 느끼지 않는다
	②	나는 어쩌면 벌을 받을지도 모른다는 느낌이 든다
	③	나는 벌을 받을 것 같다
	④	나는 지금 벌을 받고 있다고 느낀다

7	①	나는 나 자신에게 실망하지 않는다
	②	나는 나 자신에게 실망하고 있다
	③	나는 나 자신에게 화가 난다
	④	나는 나 자신을 증오한다
8	①	내가 다른 사람보다 못한 것 같지는 않다
	②	나는 나의 약점이나 실수에 대해서 나 자신을 탓하는 편이다
	③	내가 한 일이 잘못되었을 때는 언제나 나를 탓한다
	④	일어나는 모든 나쁜 일들은 다 내 탓이다
9	①	나는 자살 같은 것은 생각하지 않는다
	②	나는 자살할 생각을 가끔 하지만, 실제로 하지는 않을 것이다
	③	자살하고 싶은 생각이 자주 든다
	④	나는 기회만 있으면 자살하겠다
10	①	나는 평소보다 더 울지는 않는다
	②	나는 전보다 더 많이 운다
	③	나는 요즈음 항상 운다
	④	나는 전에는 울고 싶을 때 울 수 있었지만, 요즈음은 울래야 울 기력조차 없다
11	①	나는 요즈음 평소보다 더 짜증을 내는 편은 아니다
	②	나는 전보다 더 쉽게 짜증이 나고 귀찮아진다
	③	나는 요즈음 항상 짜증을 내고 있다
	④	전에는 짜증스럽던 일에 요즘은 너무 지쳐서 짜증조차 나지 않는다
12	①	나는 다른 사람들에 대한 관심을 잃지 않고 있다
	②	나는 전보다 다른 사람들에 대한 관심이 줄었다
	③	나는 다른 사람들에 대한 관심이 거의 없어졌다
	④	나는 다른 사람들에 대한 관심이 완전히 없어졌다

13	①	나는 평소처럼 결정을 잘 내린다
	②	나는 결정을 미루는 때가 전보다 더 많다
	③	나는 전에 비해 결정 내리는 데에 더 큰 어려움을 느낀다
	④	나는 더 이상 아무 결정도 내릴 수가 없다
14	①	나는 전보다 내 모습이 더 나빠졌다고 느끼지 않는다
	②	나는 나이 들어 보이거나 매력 없어 보일까 봐 걱정한다
	③	나는 내 모습이 매력 없게 변해버린 것 같은 느낌이 든다
	④	나는 내가 추하게 보인다고 믿는다
15	①	나는 전처럼 일을 할 수 있다
	②	어떤 일을 시작하는 데에 전보다 더 많은 노력이 든다
	③	무슨 일이든 하려면 나 자신을 매우 심하게 채찍질해야만 한다
	④	나는 전혀 아무 일도 할 수가 없다
16	①	나는 평소처럼 잠을 잘 수가 있다
	②	나는 이전만큼 잠을 자지는 못한다
	③	나는 전보다 한두 시간 일찍 깨고 다시 잠들기 어렵다
	④	나는 평소보다 몇 시간이나 일찍 깨고, 한 번 깨면 다시 잠들 수 없다
17	①	나는 평소보다 더 피곤하지는 않다
	②	나는 전보다 더 쉽게 피곤해진다
	③	나는 무엇을 해도 피곤해진다
	④	나는 너무나 피곤해서 아무 일도 할 수 없다
18	①	내 식욕은 평소와 다름없다
	②	나는 요즈음 전보다 식욕이 좋지 않다
	③	나는 요즈음 식욕이 많이 떨어졌다
	④	요즈음에는 전혀 식욕이 없다

19	①	요즈음 체중이 별로 줄지 않았다
	②	전보다 몸무게가 2kg가량 줄었다
	③	전보다 몸무게가 5kg가량 줄었다
	④	전보다 몸무게가 7kg가량 줄었다

▲ 나는 현재 음식조절로 체중을 줄이고 있는 중이다. (예, 아니요)

20	①	나는 건강에 대해 전보다 더 염려하고 있지는 않다
	②	나는 여러 가지 통증, 소화불량, 변비 등과 같은 신체적 문제로 걱정하고 있다
	③	나는 건강이 염려되어 다른 일은 생각하기 힘들다
	④	나는 건강이 너무 염려되어 다른 일은 아무것도 생각할 수 없다
21	①	나는 요즈음 성(sex)에 대한 관심에 별다른 변화가 있는 것 같지는 않다
	②	나는 전보다 성(sex)에 대한 관심이 줄었다
	③	나는 전보다 성(sex)에 대한 관심이 상당히 줄었다
	④	나는 성(sex)에 대한 관심을 완전히 잃었다

총 점		평 가	

※ 측정방법

1) (1)번 = 0점, (2)번 = 1점, (4)번 = 3점으로 채점.

2) 각 문항 점수를 합산하여 총점을 구함.

3) 점수의 범위: 0~63점

0~9점: 우울하지 않은 상태

10~15점: 가벼운 기분장애(mild mood disturbance)

16~20점: 임상적 경계선 우울장애(borderline clinical depression)

21~30점: 중정도 우울증(moderate depression)

31~40점: 심한 우울증(severe depression)

40점 이상: 심한 우울증(extreme depression)

4) 한국판 연구

　　− 우울환자 집단(39명): 평균점수 23.46점(표준편차 8.43)

　　− 일반인 집단(51명): 평균점수 8.43점(표준편차 5.39)

　　− 우울집단 선별을 위한 절단점으로 16점을 제시.

자아존중감척도(RSES: Rosenberg Self-Esteem Scale)

◆ Rosenberg(1965)가 개발하고, 전병제(1974)가 번역한 Rosenberg Self-Esteem Scale 도구.

▣ 다음은 내가 나 자신을 어떻게 생각하는가에 관한 문항입니다.

각 문항을 읽고 귀하의 생각을 잘 나타내 주는 칸에 V표를 해주시기 바랍니다.

문 항	매우 그렇지 않다	대체로 그렇지 않다	대체로 그렇다	매우 그렇다
1. 나는 내가 다른 사람들처럼 가치 있는 사람이라고 생각한다				
2. 나는 좋은 성품을 지녔다고 생각한다				
3. 나는 대체적으로 실패한 사람이라고 생각한다				

4. 나는 다른 사람들만큼 일을 잘할 수 있다				
5. 나는 자랑할 것이 별로 없다				
6. 나는 나 자신에 대하여 긍정적인 태도를 가지고 있다				
7. 나는 나 자신에 대하여 대체로 만족한다				
8. 나는 나 자신을 좀 더 존중할 수 있으면 좋겠다				
9. 나는 가끔 나 자신이 쓸모없는 사람이라는 느낌이 든다				
10. 나는 때때로 내가 좋지 않은 사람이라고 생각한다				

※ 측정방법

1) 1번, 2번, 4번, 6번, 7번의 점수는 아래와 같이 산출합니다.

매우 그렇지 않다: 1점 / 대체로 그렇지 않다: 2점 /

대체로 그렇다: 3점 / 매우 그렇다: 4점

2) 3번, 5번, 8번, 9번, 10번의 점수는 아래와 같이 산출합니다.

매우 그렇지 않다: 4점 / 대체로 그렇지 않다: 3점 /

대체로 그렇다: 2점 / 매우 그렇다: 1점

총점수가 높을수록 좋지만 대체적으로 집단의 평균치 이상이면 보통 정도로서
자아 존중감이 좋은 상태.

Barkley 아동기 ADHD 증상 척도

◆ Barkley와 Murphy(1998)가 개발한 이 척도는 성인 ADHD 환자가 5~12세 시기 동안에 자신의 행동특성을 회상하여 증상을 0(전혀 그렇지 않았다)에서 3(매우(자주) 그랬다)까지의 점수상에서 평정하도록 하는 자기보고식 척도. DSM-IV(1994)의 ADHD 증상으로 이루어진 총 18문항으로 구성

다음 문장에 대해 당신이 5세부터 12세까지의 어린 시절(초등학교 시절) 동안 당신의 행동을 가장 잘 기술하는 정도를 판단하여 표시해 주십시오.

1 전혀 그렇지 않았다	2 조금(간혹) 그랬다	3 제법(종종) 그랬다	4 매우(자주) 그랬다

1	나는 어린 시절 공부나 일할 때 세심한 주의를 기울이지 못하거나 부주의한 실수를 하였다	1	2	3	4
2	나는 어린 시절 앉은 자리에서 손발을 꼼지락거리거나 자리에서 꿈틀거렸다	1	2	3	4
3	나는 어린 시절 과제나 놀이할 때 지속적으로 주의 집중하는 것이 어려웠다	1	2	3	4
4	나는 어린 시절 자리를 지키고 있어야 하는 상황에서 자리를 비우곤 했다	1	2	3	4
5	나는 어린 시절 누가 앞에서 말하는 데도 경청하지 않았다	1	2	3	4
6	나는 어린 시절 침착하지 못하고 들떠 있다고 느꼈다	1	2	3	4
7	나는 어린 시절 공부나 일할 때 시킨 대로 따르지 않았으며 제대로 끝내지 못했다	1	2	3	4
8	나는 어린 시절 여가활동이나 놀이에 조용히 참여하는 것이 힘들었다	1	2	3	4
9	나는 어린 시절 일과 활동을 체계적으로 조직화하기 어려웠다	1	2	3	4
10	나는 어린 시절 '끊임없이 활동 중'이라고 느끼거나 '모터가 나를 움직이게 한다'고 느꼈다	1	2	3	4

11	나는 어린 시절 지속적인 정신적 노력을 기울여야 하는 과제를 피하거나 싫어하거나 꺼렸다	1	2	3	4
12	나는 어린 시절 지나치게 말을 많이 하였다	1	2	3	4
13	나는 어린 시절 과제나 활동에 필요한 물건들을 잃어버렸다	1	2	3	4
14	나는 어린 시절 질문이 채 끝나기도 전에 대답을 해버렸다	1	2	3	4
15	나는 어린 시절 쉽게 산만해졌다	1	2	3	4
16	나는 어린 시절 차례를 기다리기가 어려웠다	1	2	3	4
17	나는 어린 시절 일상적인 활동들을 챙기는 것을 잊어버렸다	1	2	3	4
18	나는 어린 시절 다른 사람들을 방해하거나 참견하였다	1	2	3	4

※ 측정방법

홀수 문항은 부주의 증상을 짝수 문항은 과잉행동-충동성 증상을 측정하며 각 문항의 점수를 합산하여 전체 ADHD 점수를 얻을 수 있음.

Conners' 성인 ADHD 평청척도·한국판(CAARS-K: Conners' Adult ADHD Rating Scale Korean)

◆ Conners, Erhardt 및 Sparrow(1999a)가 개발한 성인 ADHD 평가척도를 김호영 등(2005)이 번안하고 타당화한 것으로 총 66문항으로 이루어진 이 척도는 0(전혀 그렇지 않다)-3(매우(자주) 그렇다)점 likert 척도로, Conners 등(1999b)이 요인분석을 통해 개발한 4개의 소척도와 DSM-Ⅳ 증상척도 2개,

그리고 ADHD 지수의 총 7개 소척도로 구성되어 있음.

다음 문장에 대해 당신이 현재 또는 최근 자신의 행동 또는 성향을 가장 잘 나타낸다고 생각되는 정도를 판단하여 표시해 주십시오.

1 전혀 그렇지 않다	2 조금(간혹) 그렇다	3 제법(종종) 그렇다	4 매우(자주) 그렇다

1	나는 활동적인 일을 하는 것을 좋아한다	1	2	3	4
2	나는 과제나 활동에 필요한 물건들을 잃어버린다(예: 계획표, 연필, 책 또는 도구 연장)	1	2	3	4
3	나는 미리 앞서서 계획하지 않는다	1	2	3	4
4	나는 무심결에 불쑥 어떤 말을 해버린다	1	2	3	4
5	나는 위험을 감수하기도 하고 때로는 무모하다	1	2	3	4
6	나는 나 자신을 책망하곤 한다	1	2	3	4
7	나는 일을 시작해 놓고 끝내지 않는다	1	2	3	4
8	나는 쉽게 좌절한다	1	2	3	4
9	나는 말을 너무 많이 한다	1	2	3	4
10	나는 항상 모터가 달린 것처럼 끊임없이 활동한다	1	2	3	4
11	나는 체계적이지 못하고 뒤죽박죽이다	1	2	3	4
12	나는 미리 심사숙고하지 않고 말한다	1	2	3	4
13	나는 한 자리에 오래 머물러 있는 것이 힘들다	1	2	3	4
14	나는 조용히 여가 놀이를 하는 것이 힘들다	1	2	3	4
15	나는 나 자신에 대해 확신하지 못한다	1	2	3	4
16	나는 여러 가지 일을 동시에 하기 힘들다	1	2	3	4
17	나는 가만히 있어야 할 때조차도 끊임없이 움직인다	1	2	3	4

18	나는 기억해야 할 것들을 잊어버리곤 한다	1	2	3	4
19	나는 성미가 급하고 와락 화를 내곤 한다	1	2	3	4
20	나는 쉽게 지루해진다	1	2	3	4
21	나는 좌석을 지키고 있어야 할 때도 자리를 뜬다	1	2	3	4
22	나는 줄 서거나 다른 사람들과 순서를 주고받는 것이 힘들다	1	2	3	4
23	나는 여전히 애처럼 불끈 울화통을 터뜨리곤 한다	1	2	3	4
24	나는 일할 때 주의집중을 유지하는 것이 힘들다	1	2	3	4
25	나는 빠르고 자극적인 활동을 추구한다	1	2	3	4
26	나는 나의 능력에 대한 믿음이 부족해서 새로운 도전을 피한다	1	2	3	4
27	나는 가만히 앉아 있을 때에도 침착하지 못하고 들떠 있다	1	2	3	4
28	나는 어떤 일을 하다가도 주변에서 일어나는 일 때문에 쉽게 산만해진다	1	2	3	4
29	나는 일상적인 일들 챙기는 것을 잊어버린다	1	2	3	4
30	많은 일들이 쉽게 내 기분을 잡치게 한다	1	2	3	4
31	나는 조용하고 내면적인 활동을 싫어한다	1	2	3	4
32	나는 필요한 물건들을 잃어버리곤 한다	1	2	3	4
33	나는 다른 사람들이 말하는 것을 경청하는 것이 힘들다	1	2	3	4
34	나는 목표보다 적게 성취하는 사람이다	1	2	3	4
35	나는 다른 사람이 말할 때 방해하거나 끼어든다	1	2	3	4
36	나는 계획이나 일을 도중에 변경하곤 한다	1	2	3	4
37	나는 겉으로는 잘 행동하나 속으로는 나 자신에 대한 확신이 없다	1	2	3	4
38	나는 항상 끊임없이 활동하거나 일한다	1	2	3	4
40	나는 절대적인 마감 시간이 없는 한 일을 마칠 수 없다	1	2	3	4
41	나는 앉아 있을 때 손발을 꼼지락거리거나 꿈틀거린다	1	2	3	4
42	나는 부주의한 실수를 하거나 세부사항에 대해 세심한 주의를 기울이는 것이 힘들다	1	2	3	4

43	나는 뜻하지 않게 다른 사람의 영역을 침해하곤 한다	1	2	3	4
44	나는 어떤 과제를 시작하는 것이 힘들다	1	2	3	4
45	나는 다른 사람들의 활동을 방해하거나 끼어든다	1	2	3	4
46	나는 가만히 앉아 있으려면 매우 힘든 노력이 필요하다	1	2	3	4
47	나의 기분은 예측하기 힘들다	1	2	3	4
48	나는 생각을 많이 해야 하는 숙제나 업무를 싫어한다	1	2	3	4
49	나는 일상적인 생활에서 생각 없이 멍해 지곤 한다	1	2	3	4
50	나는 침착하지 못하고 과잉 활동적이다	1	2	3	4
51	나는 내 생활이 질서를 유지하고 세부사항에 주의하기 위해 다른 사람에게 의지한다	1	2	3	4
52	나는 뜻하지 않게 다른 사람들을 성가시게 한다	1	2	3	4
53	나는 가끔 다른 모든 것들을 잊어버릴 정도로 어떤 일에 마음을 쏟기도 하고, 어떤 때는 모든 것들이 나를 방해할 정도로 주의가 산만하다	1	2	3	4
54	나는 꼼지락거리거나 꿈틀거리는 경향이 있다	1	2	3	4
55	나는 어떤 일이 정말 흥미롭지 않은 이상 그 일에 마음을 쏟지 못한다	1	2	3	4
56	나는 나의 능력에 대해 좀 더 확신을 가졌으면 좋겠다	1	2	3	4
57	나는 매우 긴 시간 동안 가만히 앉아 있을 수가 없다	1	2	3	4
58	나는 문제를 다 듣기도 전에 그 문제의 답을 말해 버리곤 한다	1	2	3	4
59	나는 한곳에 머물러 있는 것보다는 일어나서 어디론가 가는 것이 좋다	1	2	3	4
60	나는 과제업무나 학교공부를 완수하는 것이 힘들다	1	2	3	4
61	나는 성마르고 쉽게 흥분한다	1	2	3	4
62	나는 다른 사람들의 일이나 놀이에 끼어들거나 방해하곤 한다	1	2		3
63	나는 나의 과거 실패 때문에 나 자신을 믿기가 어렵다	1	2	3	4
64	나는 주변에서 다른 일들이 일어나면 주의가 산만해진다	1	2	3	4
65	나는 나의 과제나 활동을 체계적으로 조직화하는 것이 힘들다	1	2	3	4

| 66 | 나는 어떤 일을 하거나 어디를 가는 데 얼마나 시간이 오래 걸릴지를 틀리게 판단하곤 한다 | 1 | 2 | 3 | 4 |

도형, 색 그리기(FCC: Figure Color Copying)

◆ 김선현(2009)이 뇌 손상 재활환자의 시—공간 인지 능력을 객관적으로 평가할 수 있도록 개발한 검사 도구이며, 특수아동 등 다양한 재활환자를 대상으로 평가하는 데 사용: 임상미술치료학연구—2009.5(1),5-8.

1) 재료

– 빨간색 원, 노란색 정삼각형, 파란색 정사각형이 그려진 8절 도화지

이때, 원, 삼각형, 사각형의 모양이 도화지 중간 부분에 위치하도록 하며, 제시되어지는 크기는 다음과 같이 하도록 권장한다.

: 빨간색 원—지름 8cm, 노란색 정삼각형—한 변의 길이 8cm, 파란색 정사각형— 한 변의 길이 8cm

- 흰 도화지
- 크레파스 혹은 색연필

2) 방법

(1) 그림에 제시된 도형이 각각 무엇인지 말해보세요.

(2) 그림에 제시된 도형이 각각 무슨 색인지 말해보세요.

(3) 도화지에 제시된 그림을 보고 똑같이 따라 그려보세요.

3) 목적

- 색채, 형태, 거리, 위치 등의 시공간지각을 평가할 수 있다.
- 구조적 실행증(constructional apraxia), 형태항상성(form consistency)의 문제 등을 판별할 수 있다.

4) 해석: 과제 이해도, 색상과 형태에 대한 인지

- 검사의 내용을 이해하는가? (3점)
- 색상을 인식하는가? (3점: 색상 한 개당 1점)
- 형태를 인식하는가? (3점: 형태 한 개당 1점)
- 색상을 따라 그릴 수 있는가? (3점: 색상 한 개당 1점)
- 형태를 따라 그릴 수 있는가? (3점: 형태 한 개당 1점)

- 크기는 제시된 그림과 일치하는가? (3점)

- 각 도형의 위치는 제시된 그림과 일치하는가? (3점)

- 각 도형 간의 거리는 제시된 그림과 일치하는가? (3점)

※ **측정방법** 각 문항당 단계별로 3점을 주고, 총 24점으로 환산하여 계산한다.

구름, 집, 나무 그리기(CHTC: Cloud House Tree Copying)

◆ 김선현(2009)이 뇌 손상 재활환자의 시─공간 인지 능력을 객관적으로 평가할 수 있도록 개발한 검사 도구이며, 특수아동 등 다양한 재활환자를 대상으로 평가하는 데 사용: 임상미술치료학연구─2009.5(1),5─8.

1) 재료:

- 파란색 구름, 빨간색 지붕과 노란색 벽의 집, 초록색 수관과 고동색 줄기의 나무가 그려진 8절 도화지, 하단의 그림을 참고하여 각각의 크기와 위치를 최대한 정확히 제시할 수 있도록 한다.

　－ 흰 도화지

　－ 크레파스 혹은 색연필

2) 방법:

　(1) 그림에 제시된 것이 각각 무엇인지 말해보세요.

　(2) 도화지에 그림을 보고 똑같이 따라 그려보세요.

3) 목적 :

　－ 공간관계(Spatial-relations), 환측무시(unilateral inattention) 등의 시공간

　　지각을 평가함

　－ 실행증(apraxia)과 실인증(agnosia) 등의 지각문제를 판별할 수 있음

4) 해석: 과제 이해도, 색상과 형태에 대한 인지

- 검사의 내용을 이해하는가? (3점)

- 색상을 인식하는가? (3점: 색상 한 개당 1점)

- 형태를 인식하는가? (3점: 형태 한 개당 1점)

- 색상을 따라 그릴 수 있는가? (3점: 색상 한 개당 1점)

- 형태를 따라 그릴 수 있는가? (3점: 형태 한 개당 1점)

- 크기는 제시된 그림과 일치하는가? (3점)

- 각 도형의 위치는 제시된 그림과 일치하는가? (3점)

- 각 도형 간의 거리는 제시된 그림과 일치하는가? (3점)

※ **측정방법** 각 문항당 단계별로 3점을 주고, 총 24점으로 환산하여 계산한다.

선 나누기(LB: Line Bisection)

◆ 김선현(2009)이 뇌 손상 재활환자의 시—공간 인지 능력을 객관적으로 평가할 수 있도록 개발한 검사 도구이며, 특수아동 등 다양한 재활환자를 대상으로 평가하는 데 사용: 임상미술치료학연구—2009.5(1),5—8.

1) 재료

‒ 일정 간격의 직선이 그려진 8절 도화지

이때, 5cm 길이의 직선을 가로방향으로 5개씩, 총 6줄을 그려 제시하도록 한다.

‒ 크레파스 혹은 사인펜

2) 방법

제시된 가로 선의 가운데에 세로로 각각 선을 그어보도록 제시한다.

3) 목적

환측무시(unilateral inattention)를 통해 시지각을 평가한다.

※ 측정방법

- 선의 총 개수 중 맞게 그어진 선의 개수를 합산하여 점수화한다. (총 30개)
- 편측무시가 나타날 경우 선이 그려진 방향을 체크한다. (좌/우)

시계 그리기 검사(CDT: Clock Drawing Test)

◆ 인지 기능 선별 검사 중 하나인 7분 선별 검사 한국판(7MSK: 7minute-screening Korean version)에 포함되어 시계 그리기 검사

1) 재료

- A4 용지, 연필
- 기제시(pre-drawn) 방법일 땐 지름 13cm 원이 그려진 종이 제시

2) 방법

- CDT는 빈 종이를 제시하고 시계를 그리도록 하는 자유기재(free-drawn) 방법과 원이 그려진 종이를 제시하여 시계를 그리도록 하는 기제시(pre-drawn) 방법이 있다. 어떤 방법이 더 나은지에 대해서는 논란의 여지는 남아 있으나 시계 그리기 검사 중 원이 그려진 바탕지를 제시하여 시계를 그리도록 하는

Watson's 방법이 비교적 평가가 용이하고 객관적이다.

- 인지 기능 선별 검사 중 하나인 7분 선별 검사 한국판(7MSK: 7minute-screening Korean version)에 포함되어 시계 그리기 검사 절차: 빈 종이와 연필을 주고, 3시 40분을 가리키는 시계를 그리도록 지시한다.

  "원 안에 시계에 들어가는 숫자를 다 써넣으세요"와 같은 지시로 시작하여, 숫자 쓰기까지 시행하고 나면, "3시 40분이 되도록 표시해보세요"라고 지시한다. 특별히 '바늘'이라는 말은 언급하지 않는다. 피검자가 이해하지 못한 경우에 지시는 반복될 수 있으나, 기타 도움은 제공되지 않는다. "3시 40분"으로 시간을 지정한 것은, 시각장 좌우에 바늘을 놓아야 하므로 좌우시각장에 주의를 기울일 수 있는지 여부를 평가할 수 있고, 40분과 숫자 '4'와 관련짓는 자극—속박 오류가 나타나는지의 여부를 평가할 수 있기 때문이다.

- Goodglass와 Kaplan(1983)이 실시한 절차: A4 종이를 세로로 제시한 다음 "원을 그리고, 숫자를 채운 다음 11시 10분을 그리세요"라고 지시한다. 모사 조건은 8시 20분이 그려진 A4 용지를 제시하면서 몇 시 몇 분인지 시간을 읽어보게 한 다음, 제시된 그림과 똑같이 그리라고 한다. 지시 조건이 실시되는 동안 그리기를 시작하지 못하거나 원이나 숫자를 채우는 수행이 부적절한 경우 피험자 능력을 확인하기 위해서 한계 검증을 실시한다. 한계 검증은 원이 그려진 종이를 제시하고, 시계 숫자와 바늘을 그리도록 한다. 이것도 적절히 수행을 하지 못할 경우 원과 숫자가 그려진 종이를 제시하고, 지시한 시간과 동일하게 시곗바늘을 그리도록 한다. 한계 검증은 지시 조건과 모사 조건 사이에 실시되며, 이는 모사 조건에서 제시되는 시계 그림을 단서로 활용되지 않게 하기 위해서이다.

3) 목적

- 구성 실행증 평가, 시·공간 능력 평가

4) 해석

- 여러 가지 다양한 실시 방법 및 채점 체계들이 존재하고 있다. Freedman 등 (1994), Rouleau 등(1996), Watson 등(1993), Wolf-Klein 등(1989), Manos와 Wu 등(1994)이 있다. 이 도구들은 약간의 차이는 있지만 원의 형태, 시곗바늘의 위치, 숫자 배열, 그림의 질 등을 평가한다. 검사 소요시간은 5분 이내이며, 검사자는 피검자와 일대일로 검사를 시행한다.

※ 측정방법

〈Freedman 등(1994)의 채점 체계〉

최저 점수는 0점, 최고 점수는 15점으로 점수가 높을수록 인지기능이 잘 보존되고 있음을 뜻함.

▶ 윤곽(2점)
- 윤곽이 그럴듯하게 그려짐: 전체적인 모양과 대칭성으로 평가
- 윤곽이 너무 작지도 크지도 않고, 반복해서 그려지지 않을 것: 모든 숫자와 시곗바늘을 다 수용할 수 없는 경우를 작은 윤곽으로 간주

▶ 숫자(6점)

– '1~12'의 숫자가 있음(부가적인 숫자가 없고, 빠뜨린 숫자 없음)

– 아라비아 숫자로 제시됨

– 숫자가 바른 순서로 나타남

– 숫자를 그리는 동안 종이를 돌리지 않음: 70세 이상 집단에서만 10% 정도 이런 행동을 보임

– 숫자를 옳은 위치에 배치: 다른 숫자가 차지할 위치에만 놓지 않는다면 옳은 것으로 간주

– 모든 숫자가 윤곽 안에 배치됨

▶ 바늘(6점)

– 시곗바늘(또는 다른 표시)이 두 개

– 일정 방식으로 시를 나타내는 숫자를 가리키고 있음

– 일정 방식으로 분을 나타내는 숫자를 가리키고 있음

– 시곗바늘의 비율이 적절함(분침이 더 길 것)

– 쓸데없는 표시가 없음

– 시곗바늘이 결합되어 있음(12mm 이내)

▶ 중심(1점)

– 시계에 중심(center)이 있음: 바늘 두 개가 만나는 지점을 유추

공간기억구성 평가(SMMT: Spatial Memory Montage Technique)

◆ 김선현(2010)이 감각 기억에서 주의를 통해 유지되는 기억을 활용한 평가도구이며,

단어로부터 습득된 정보에 대해 주의집중을 함으로써 기억을 돕고 기억된 정보를 조형 활동을 통해 다시 인출하는 과정에서 기억력 향상의 치료적 접근을 도모하는데 사용. 임상미술치료학 연구—2010.5(1), 13-16.

1) 목적 및 기대효과

- 순간적 기억 자극을 위해 발생되는 감각기억(Sensory Memory)의 향상을 위해 치료적으로 접근하며 제시된 활동의 기억수행 과정에서 기억력 향상의 치료적 효과를 얻을 수 있다.
- 일반적인 그림 그리기 방식에서 벗어나 기억하며 그리는 새로운 기법을 시도함으로써 연속적으로 주의를 집중시키며 기억력을 유지시킨다.
- 제시된 단어를 이용하여 새롭게 구성함으로써 사고의 집중을 유도하고 기억력을 유지시킨다.
- 제시된 단어를 떠올린 후, 형체화하는 과정에서 두뇌 사고체계의 자연스러운 전환으로 인해 외부 자극을 통제하고 기억력을 향상시킬 수 있다.
- 제시된 단어의 사물 배치를 통해 환자의 공간구성능력과 심리를 이해할 수 있다.

2) 재료

- 제시단어(단어카드): ① 장롱, ② 침대, ③ 화장대, ④ 탁자, ⑤, 의자, ⑥ TV, ⑦ 창문, ⑧ 액자, ⑨ 커튼, ⑩ 꽃병
- 흰 도화지 8절 사이즈(272mm × 393mm), 크레파스 혹은 색연필 등 색채도구, 4B 연필, 지우개

3) 방법

제시된 10개의 단어를 암기한 후, 이를 기억하여 도화지 공간에 배치하며 그린다.

4) 해석

- 검사의 내용을 이해하는가
- 제시된 단어를 이해하는가
- 제시된 단어와 그림이 일치하는가
- 제시된 단어를 얼마나 기억하는가
- 전체적인 그림 형태와 배치가 조화로운가

5) 주의사항

- 집단치료일 경우, 다른 참여자의 그림을 보고 그릴 수 있는 위험성이 있으므

로 공간을 제한한다.

– 단어카드는 이미지가 그려진 그림일 경우, 기억을 쉽게 하는 데 도움을 주는 요소로 작용할 수 있으므로, 흰 종이 위에 검정 글씨의 단어로 제한한다.

Beck 불안검사(BAI: Beck Anxiety Inventory)

◆ Beck, Emery 및 Greenberg(1985)가 개발한 자기 보고형 질문지 BAI(Beck Anxiety Inventory)를 Kwon(1992)이 번안한 한국판 척도.

BAI는 우울로부터 불안을 신뢰롭게 변별해줄 수 있는 도구의 필요에 의해 개발되었고 21문항으로 구성되어 있으며 불안과 관련된 정서적, 신체적인 지적 증상을 평가하여 불안증상의 강도 및 심각도를 평가.

구분	질문사항	전혀 느끼지 않았다	조금 느꼈다	상당히 느꼈다	심하게 느꼈다
1	가끔 몸이 저리고 쑤시며 감각이 마비된 느낌을 받는다	0	1	2	3
2	흥분된 느낌을 받는다	0	1	2	3
3	가끔 다리가 떨리곤 한다	0	1	2	3
4	편안하게 쉴 수가 없다	0	1	2	3
5	매우 나쁜 일이 일어날 것 같은 두려움을 느낀다	0	1	2	3
6	어지러움(현기증)을 느낀다	0	1	2	3
7	가끔 심장이 두근거리고 빨리 뛴다	0	1	2	3

8	침착하지 못하다	0	1	2	3
9	자주 겁을 먹고 무서움을 느낀다	0	1	2	3
10	신경이 과민 되어 왔다	0	1	2	3
11	가끔 숨이 막히고 질식할 것 같다	0	1	2	3
12	자주 손이 떨린다	0	1	2	3
13	안절부절못해 한다	0	1	2	3
14	미칠 것 같은 두려움을 느낀다	0	1	2	3
15	가끔 숨쉬기 곤란할 때가 있다	0	1	2	3
16	죽을 것 같은 두려움을 느낀다	0	1	2	3
17	불안한 상태에 있다	0	1	2	3
18	자주 소화가 잘 안 되고 뱃속이 불편하다	0	1	2	3
19	가끔 기절할 것 같다	0	1	2	3
20	자주 얼굴이 붉어지곤 한다	0	1	2	3
21	땀을 많이 흘린다(더위로 인한 경우는 제외)	0	1	2	3

※ 측정방법

1) 오늘을 포함한 지난 한 주 동안 불안을 경험한 정도를 0점(전혀 아니다)부터 3점(매우 그렇다)의 Likert식 4점 평정 척도로 반응. 총 점수의 범위는 0~63점 으로 점수가 높을수록 불안 경향이 높은 것.

2) 한국의 연구(육성필 등, 1996)
   불안장애 환자군(31명): 평균점수 22.4점(표준편차 12.4)
   비환자군(9,223명): 평균점수 14.3점(표준편차 8.3)

3) 22점~26점: 불안 상태(관찰과 개입을 요함)

27점~31점: 심한 불안 상태

32점 이상: 극심한 불안 상태

우울증 자가진단 테스트(CES-D: Center for Epidemiological Studies-Depression Scale)

◆ 일반인의 우울 수준을 측정하기 위해 1971년 미국 정신보건연구원(National Institute of Mental Health: NIMH)에서 제작한 도구.

임상 장면에서의 진단이나 치료 과정의 변화를 측정하고 우울의 정서적인 측면에 초점을 둔 것이 특징. 원래는 성인용으로 만들어졌으나 외국에서 청소년에게도 많이 사용되어 이에 대한 신뢰도와 타당도가 입증되었고(Roberts, Lewinsohn, & Seeley, 1995), 또한 우리나라에서도 초등학생과 중학생(곽금주·문은영, 1993, 1995), 고등학생(윤진·김정민, 1992)을 대상으로 타당도와 신뢰도가 확인됨.

아래에 적혀 있는 문항을 잘 읽으신 후, 지난 1주 동안 본인이 느끼시고 행동한 것을 가장 잘 나타낸다고 생각되는 숫자에 O표하시기 바랍니다.

0. 극히 드물게(1일 이하)   1. 가끔(1~2일)

2. 자주(3~4일)   3. 거의 대부분(5~7일)

나는 지난 1주일(7일) 동안……	극히 드물게 (1일 이하)	가끔 (1~2일)	자주 (3~4일)	거의 대부분 (5~7일)
1 평소에는 아무렇지도 않던 일들이 귀찮게 느껴졌다	0	1	2	3
2 먹고 싶지 않았다: 입맛이 없었다	0	1	2	3
3 가족이나 친구가 도와주더라도 울적한 기분을 떨쳐버릴 수 없었다	0	1	2	3
4 다른 사람들만큼 능력이 있다고 느꼈다	0	1	2	3
5 무슨 일을 하든지 정신을 집중하기가 어려웠다	0	1	2	3
6 우울했다	0	1	2	3
7 하는 일마다 힘들게 느껴졌다	0	1	2	3
8 미래에 대하여 희망적으로 느꼈다	0	1	2	3
9 내 인생은 실패작이라는 생각이 들었다	0	1	2	3
10 두려움을 느꼈다	0	1	2	3
11 잠을 설쳤다: 잠을 잘 이루지 못했다	0	1	2	3
12 행복했다	0	1	2	3
13 평소보다 말을 적게 했다: 말수가 줄었다	0	1	2	3
14 세상에 홀로 있는 듯한 외로움을 느꼈다	0	1	2	3
15 사람들이 나에게 차갑게 대하는 것 같았다	0	1	2	3
16 생활이 즐거웠다	0	1	2	3
17 갑자기 울음이 나왔다	0	1	2	3
18 슬픔을 느꼈다	0	1	2	3
19 사람들이 나를 싫어하는 것 같았다	0	1	2	3
20 도무지 무엇을 시작할 기운이 나지 않았다	0	1	2	3

※ 측정방법

긍정 문항을 포함해 20개의 문항으로 구성된 자기보고형 척도로 각 문항은 0점에서 3점으로 채점되고, 가능한 점수 범위는 0~60점으로 점수가 높을수록 우울감이 높은 것을 의미.

1) 각 문항의 점수를 합산하여 총점을 구함.

극히 드물다 = 0점

가끔 있었다 = 1점

종종 있었다 = 2점

대부분 그렇다 = 3점

2) 역방향 채점 문항: 5, 10, 15

3) 한국판 연구

지역사회 역학용 절단점 21점, 주요우울증 진단용 절단점 25점 제시.

사건충격척도(IES-R: Impact of Event Scale-Revised)

◆ 한덕웅과 박준호(2003)가 Horowitz(1979) 등의 사건영향척도를 토대로 제작한 것.

아래의 문항들은 스트레스를 주는 생활 사건을 경험한 후 사람들이 겪는 여러 증상 목록입니다. 지난 7일 동안 당신은 얼마나 자주 경험을 했는지 각 문항에 표시하시오. 만약 그 기간 동안 증상을 경험하지 못했다면 '전혀 아니다' 란에 표시하시오.

	사건 충격 척도	전혀 아니다	드물게 있다	가끔 있다	자주 있다	매우 자주 있다
1	그때의 일이 생각났고, 그때의 느낌도 되살아났다	0	1	2	3	4
2	밤에 잠을 설쳤다	0	1	2	3	4
3	다른 일로 인해 그때 일이 생각났다	0	1	2	3	4
4	짜증 나고 화가 났다	0	1	2	3	4
5	그 일을 생각하거나 기억하게 되면서 흥분되었으나 꾹 참았다	0	1	2	3	4
6	생각하지 않으려고 해도 그 일이 생각났다	0	1	2	3	4
7	마치 그 일이 없었거나 사실이 아닌 것처럼 느껴졌다	0	1	2	3	4
8	그 일을 생각나게 하는 것은 피했다	0	1	2	3	4
9	갑자기 그때 장면이 머릿속에 떠올랐다	0	1	2	3	4
10	신경이 날카로워지고 잘 놀랬다	0	1	2	3	4
11	그 일을 생각하지 않으려고 노력했다	0	1	2	3	4

12	그 일로 아직 마음이 혼란스러웠지만 그냥 참았다	0	1	2	3	4
13	그 일로 인해 무감각해지는 걸 느꼈다	0	1	2	3	4
14	마치 그 당시로 되돌아간 듯이 느끼고 행동하는 자신을 발견했다	0	1	2	3	4
15	그 일이 떠올라서 잠들기가 어려웠다	0	1	2	3	4
16	그 일과 관련된 감정이 불쑥 북받쳐 올랐다	0	1	2	3	4
17	그 기억을 지워버리려고 애썼다	0	1	2	3	4
18	집중하기가 힘들었다	0	1	2	3	4
19	그 일을 생각하면 식은땀이 나거나 호흡장애, 현기증 또는 심장이 두근거리는 등 신체적으로 반응하였다	0	1	2	3	4
20	그 사건에 대해 꿈을 꾸었다	0	1	2	3	4
21	내가 매우 조심하며 경계하고 있다고 느꼈다	0	1	2	3	4
22	그 일에 대해 말하지 않으려고 했다	0	1	2	3	4

※ 측정방법

모두 15문항이고 4점 척도로 구성.

24점 이상일 경우 전문가와의 상담 필요.

24점 이하: 정상

24~39점: 약간 충격

40~59점: 심한 충격

60점 이상: 매우 심한 충격

DAS 그림 검사(DAS: Draw-a-story)

◆ Silver의 이야기 그림검사는 1998년 공격성과 우울연구를 위해 만들어짐.

이야기 그림검사는 첫째, 검사자들이 동일 자극화에 대해 각기 다른 지각을 하며 둘째, 그림과 이야기 내용은 개인의 경험과 성격을 반영하며 셋째, 양적 평가가 가능하다는 것을 전제. 이야기 그림검사는 물리적, 표면적 특징(예를 들어 선, 색채, 두 장의 자극 그림)보다 이야기의 내용을 중요시. A형과 B형 중 A형이 검사를 위해 사용되는 것. DAS는 초기에는 우울증 초기 진단과 공상적 사고의 진단도구로 사용되다가 최근에는 정신문제(학대, 뇌 손상, 우울, 정서장애, 비 임상적 아동, 청소년, 성인을 대상)와 관련하여 적용되고 있음.

1) 재료: 연필과 검사종이, 지우개 등

2) 방법

- 검사의 지시로는 '다음 그림 중 두 개를 선택하여 그 둘 사이에 어떤 일이 일어나고 있는지 상상해 보세요. 준비가 되면 상상하신 것을 그려주세요. 어떤 일이 벌어지고 있는지 그림을 통해서 보여주세요. 그림을 변형해서 그리거나 첨가하여 그리셔도 됩니다. 그리신 뒤에는 이야기를 적어주세요'라고 한다.
- 14개의 자극그림을 주어 2개의 대상을 선택하고, 선택한 대상 사이에 일어난 것을 상상하여 그림을 그리고 이야기를 만들도록 한다.

3) 목적: 그림을 통해 정서적 특성을 평가하기 위한 그림검사

그림 이야기 검사(DAS) 자극 유형 A

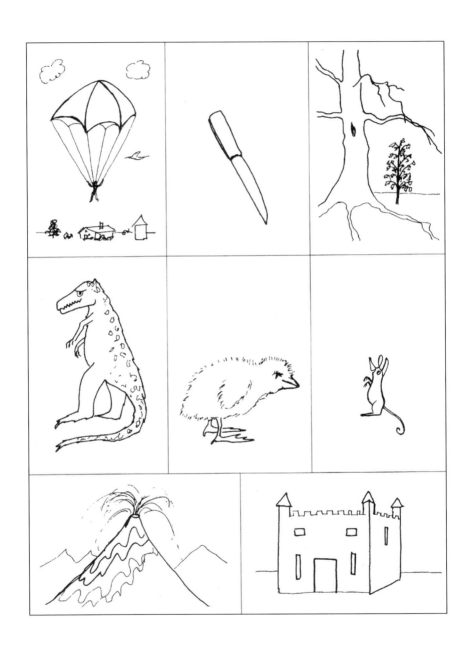

그림 이야기 검사(DAS) 자극 유형 B

Draw-a-story

그 림

이야기 내용:

_____

_____

_____

_____

아래 빈칸을 적어주세요.

이름: 계급: 나이: 날짜:

나는 지금 매우 행복하다 (   ), 좋다 (   ), 화가 난다 (   ), 슬프다 (   ), 두렵다 (   ).

▶ 그림을 다 그리셨나요? 아래의 칸에 그림의 이야기를 글로 표현해 주세요.

　(등장인물, 관계, 무엇을 하고 있는지, 기분은 어떤지, 장소와 시간 등)

_____

_____

_____

▶ 그림에 대한 추가 질문입니다.

1. 그림 속의 장면 전에는 어떤 일이 있었을까요?

2. 그림 속 주인공들에게 앞으로 어떤 일이 일어날까요?

3. 이 그림 속의 주인공이 나라면 누구이고, 어떻게 느끼고 무슨 생각을 할까요?

▶ 지금 기분은 어떤가요?

1. 매우 즐겁다 (   )   2. 보통이다 (   )   3. 화가 난다 (   )

4. 두렵다 (   )   5. 슬프다 (   )   6. 기타 (_____)

날짜 : _____ 년 ___ 월 ___ 일 ___ 요일

이름 : _____

※ 측정방법

－ DAS의 점수는 1점에서 5점으로 이루어지며 점수가 낮을수록 부정적인 내용
을 나타낸다.

〈DAS 점수 평가표〉

점 수	내 용
1점: 강한 부정	a. 슬프거나, 고립되어 있거나, 도움을 받을 수 없거나, 죽을 위험에 처해 있는 인물 b. 파괴적, 살인적 또는 생명 위협적인 관계
2점: 중간 정도의 부정	a. 좌절, 공포, 무서움 또는 불운한 인물 b. 스트레스가 느껴지거나 적의가 있는 관계
3점: 중간단계	a. 애매하거나 갈등을 나타내는 부정적이면서 긍정적인 관계 또는 인물 b. 명료하지 않거나 분명하지 않은 관계 또는 인물 c. 부정적이든 긍정적이든 비정서적인 관계 또는 인물, 그려진 대상 또는 관계에 대해 표현된 감정이 없는 인물
4점: 중간 정도의 긍정	a. 행운은 있지만 수동적인 인물 b. 친한 관계
5점: 강한 긍정	a. 행복하거나 목표를 달성한 인물 b. 돌봐주거나 사랑하는 관계

풍경구성법(L.M.T: Landscape Montage Technique)

◆ LMT는 나카이에 의해 정신분열증 환자를 위한 치료기법으로 창안된 후, 심리치료를 위한 치료기법이자 진단기법

풍경구성법은 로샤(Rorscach Test)와 같이 패턴을 읽고, 선택, 해석하는 투영적 표상과는 대조적인 접근 방법으로서, 4면이 테두리로 그어져 있는 구조화된 공간에 통합적 지향성을 지닌 하나의 전체를 구성하는 구성적 표상을 기초로 하는 방법이다.

1) 검사방법

① 치료사가 검은 펜으로 용지에 테두리를 그려 환자에게 제시한다.

② 지시사항에 따라 그림을 그리게 한다.

③ 환자에게 10개의 항목(강, 산, 논(밭), 길, 집, 나무, 사람, 꽃, 동물, 돌)을 차례대로 불러주고 환자는 검은색 펜으로 순서대로 풍경을 그린다. 그림을 그릴 때 10가지를 미리 제시하지 말고 하나씩 하나씩 불러주도록 한다.

④ 그린 후, "그 외 추가로 더 그려 넣고 싶은 것이 있으면 그려 넣으세요"라고 말한다.

⑤ 그림을 다 그린 후 원하면 색칠하도록 한다. 색칠을 반드시 해야 하는 것은 아니며 원할 경우 색칠하게 한다.

⑥ 작품이 완성된 후 상담자와 환자는 같이 그림을 보면서 묻고 싶은 부분이

있을 때 자연스럽게 물어본다(예: 풍경의 계절은? 날씨는 어떠한가? 몇 시 정도의 풍경인가? 강, 바다의 흐름은 어디에서 어디로 흘러가는가? 그 강은 깊은가? 산 저편에 무엇이 있는가? 사람은 무엇을 하고 있는가? 자유롭게 그려 넣은 것은? 등).

※ 측정방법 해석

① 강: 일반적으로 무의식의 흐름(무의식에 지배될 경우 강의 경사가 심함). 강박 성향의 환자는 강가를 돌로 쌓거나 방파제를 만든다. 분열증 발병기의 환자들은 강을 크게 그리거나 물의 양이 많은 강을 그린다.

② 산: 그리는 사람의 주어진 상황과 앞으로의 전망이나 극복해야 할 문제의 수를 나타내는 경우가 많다. 앞을 막고 있는 거대한 산은 어려움이나 장애가 있음을 의미한다.

③ 논(밭): 그린 사람의 마음이 지향하고 있는 때를 뜻한다. 밭에서 일하는 모습은 면학과 관련된다. 강박적 성향은 벼 이삭 등을 세심하게 심어놓는 모습으로 표현한다.

④ 길: 의식적인 영역(인생, 방향)으로 방향을 암시한다. 일반적으로 여성은 길이 강으로 차단되어 끝나는 경우가 25% 정도이다.

⑤ 집: 집은 성장하여 온 가정상황을 나타내어 자신의 가정생활의 질과 가족관계를 어떻게 인지하며, 그것에 대해 어떤 감정과 태도를 가지고 있는가를 보이는 경우가 많다. 따라서 집 그림은 피검자가 현재의 가정을 어떻게 바라보고 있는가 하는 것 외에 이상적인 장래의 가정과 과거의 가정, 혹은 이것들의

혼합일 수 있다. 또는 그리는 사람의 어머니를 상징적으로 표현한 것일 수도 있고, 어머니에 대한 느낌을 드러내는 것일 수도 있다.

⑥ 나무: 기본적인 자아상의 표현, 나무는 땅에서부터 하늘까지 성장하고 움직이려 하는 인생의 열망을 반영한다. 나무를 그릴 때 그리는 사람은 자신이 가장 감정 이입적으로 동일시했던 나무를 선택한다(Hammer, 1958). 나무는 자기 자신에 대한 무의식적이고 원시적인 자아개념의 투사와 관련이 있다. 이를 통해 그리는 사람의 성격구조의 위계적 갈등과 방어, 정신적 성숙도 및 환경에의 적응 정도를 엿볼 수 있다.

⑦ 사람: 사람은 '집'이나 '나무'보다 더 직접적으로 자기상을 나타낸다. 그러나 사람을 그리는 것은 그리는 사람에게 경계심을 품게 하고 자기를 방어하려는 생각을 갖게 하는 면도 있어서 의식적, 무의식적으로 자기의 상태를 왜곡시켜 나타내며 자기 이외의 사람을 그리는 경우가 많다. 사람은 자기의 현실상이나 이상상을 나타내며 자기에 있어서 의미 있는 사람, 인간 일반을 어떻게 인지하고 있는가를 나타내기도 한다.

⑧ 꽃: 아름다움, 사랑의 상징, 성장발달의 상징이다. 꽃에 색을 칠하지 않는 경우는 감정을 느끼지 않는 경우로 정신분열병 환자에게서 많이 나타난다.

⑨ 동물: 그 자체가 상징성, 동물이 가지고 있는 특성, 신화 전설에 맞추어 해석한다. 사물에 비해 크게 그려진 경우 보상심리나 내면에 큰 에너지가 있음을 의미한다. 집, 나무, 사람, 산, 강, 길을 전부 안쪽 밑에 아주 작게 그리고 동물을 크게 그리는 환자의 경우는 작아져 있는 현실을 보상하고 있다고 생각할 수 있다. 이러한 사람은 내면에 큰 에너지를 지니고 있는 것이며, 이를 앞으로 어떻게 이끌어 낼 것인가 하는 것이 치료의 목표가 될 수 있다. 동물의

크기는 기준을 인간에 두고, 인간을 1로 하여 보다 크면 인간이 지닌 에너지 총량이 큰 것임을 알 수 있다. 1보다 적으면 에너지 총량이 적은 것이다.

⑩ 돌: 큰 돌이나 큰 바위로 앞을 막는 그림은 장애물과 큰 짐을 뜻한다. 그러나 돌의 위치에 따라 의미는 달라질 수도 있다.

버클리 정서표현척도(BEQ: Berkeley Expressivity Questionnaire)

◆ 버클리 정서표현척도(BEQ)는 Gross와 John(1995)이 정서표현의 이론적 측면의 주요 문항 22개를 선정한 후 요인분석을 통해 개발한 도구.

* 다음의 문항들을 읽고 우측의 다섯 가지 대답 중 귀하의 상태를 가장 잘 나타내는 대답을 하나만 골라서 √표기해 주십시오.

질 문	전혀 그렇지않다	그렇지 않다	보통 이다	가끔 그렇다	항상 그렇다
1. 내가 기분이 좋을 때면 사람들은 대개 내가 어떤 기분을 느끼고 있는지 쉽게 알아챈다					
2. 나는 가끔 슬픈 영화를 보면서 운다					
3. 사람들은 가끔 내가 어떤 기분을 느끼고 있는지 잘 모른다					
4. 누군가 재미있는 농담을 해주면 나는 소리 내어 웃는다					
5. 두려운 기분을 숨기기가 어렵다					

6. 내가 행복할 때면 얼굴에 행복한 감정이 그대로 드러난다					
7. 내 몸은 감정을 불러일으키는 상황에 강하게 반응한다					
8. 나는 화난 것을 드러내는 것보다 억누르는 게 더 낫다고 배워왔다					
9. 신경질이 나거나 마음이 상해도 겉으로는 아무렇지 않다는 표정을 짓는다					
10. 나는 감정을 잘 표현하는 사람이다					
11. 나는 강렬한 감정을 가지고 있다					
12. 나는 가끔 내가 느끼는 감정을 숨기고 싶어도 그럴 수 없을 때가 있다					
13. 기분이 안 좋을 때 사람들은 내가 어떤 기분을 느끼고 있는지 쉽게 알아챈다					
14. 울음을 참으려고 해도 참을 수 없는 때가 가끔 있다					
15. 나는 감정을 강하게 느낀다					
16. 내가 느끼는 기분상태가 얼굴 전체에 드러나는 편이다					

※ 측정방법

정서 경험의 외적인 표현에서 개인차를 측정하는 도구. 정적 표현성, 부적정서표현성 및 충동강도의 세 하위척도로 구성되어있고, 5점 Likert 척도 16문항으로 구성된 자기 보고형 질문지로 3개의 역문항을 포함. 점수 범위는 16점에서 80점까지이고, 점수가 높을수록 정서를 반영한 정서표현이 높음을 의미.

대인관계 변화척도(RCS: Relationship Change Scale)

◆ 대인관계 변화척도는 Schlein과 Guerney(1971)의 Relationship Change Scale(RCS)을 문선모(1980)가 번안한 도구로 전석균(1994)이 수정 보완하여 사용한 도구.

1) 나는 인간으로서, 나 자신에 대하여_____

① 매우 불만족하는 편이다

② 다소 불만족하는 편이다

③ 그저 그렇다

④ 다소 만족하는 편이다

⑤ 매우 만족하는 편이다

2) 나는 인간으로서, 다른 사람에 대하여_____

① 매우 불만족하는 편이다

② 다소 불만족하는 편이다

③ 그저 그렇다

④ 다소 만족하는 편이다

⑤ 매우 만족하는 편이다

3) 다른 사람들은 나를, 인간으로서_____사람으로 볼 것이라고 생각한다.

① 매우 불만족스러운

② 다소 불만족스러운

③ 그저 그런

④ 다소 만족스러운

⑤ 매우 만족스러운

4) 다른 사람들은, 자기 자신을 인간으로서_____사람으로 본다.

① 매우 불만족스러운

② 다소 불만족스러운

③ 그저 그런

④ 다소 만족스러운

⑤ 매우 만족스러운

5) 다른 사람들과 나의 관계는_____

① 매우 원만하지 못한 편이다

② 다소 원만하지 못한 편이다

③ 그저 그렇다

④ 다소 원만한 편이다

⑤ 매우 원만한 편이다

6) 나는, 다른 사람이 바라는 것이나 욕구를_____

① 거의 깨닫지 못하는 편이다

② 다소 깨닫지 못하는 편이다

③ 그저 그렇다

④ 다소 깨닫는 편이다

⑤ 매우 잘 깨닫는 편이다

7) 나는, 나 자신의 감정을_____

① 거의 이해하지 못하는 편이다

② 다소 이해하지 못하는 편이다

③ 그저 그렇다

④ 다소 이해하는 편이다

⑤ 잘 이해하는 편이다

8) 나는, 다른 사람의 감정을_____

① 거의 이해하지 못하는 편이다

② 다소 이해하지 못하는 편이다

③ 그저 그렇다

④ 다소 이해하는 편이다

⑤ 잘 이해하는 편이다

9) 나는, 다른 사람과 의사소통하는 것에_____

① 매우 어려움을 느끼는 편이다

② 다소 어려움을 느끼는 편이다

③ 그저 그렇다

④ 다소 쉽게 느끼는 편이다

⑤ 매우 쉽게 느끼는 편이다

10) 다른 사람에 대한 민감성(감수성)은_____

① 매우 느린 편이다

② 다소 느린 편이다

③ 그저 그렇다

④ 다소 빠른 편이다

⑤ 매우 빠른 편이다

11) 다른 사람에 대한 나의 온정적인 태도는_____

① 매우 적은 편이다

② 다소 적은 편이다

③ 그저 그렇다

④ 다소 많은 편이다

⑤ 매우 많은 편이다

12) 다른 사람에 대한 나의 표현이나 개방성 정도는_____

① 매우 적은 편이다

② 다소 적은 편이다

③ 그저 그렇다

④ 다소 많은 편이다

⑤ 매우 많은 편이다

13) 나는, 다른 사람의 느낌을 이해하는 것이_____

① 매우 어렵다

② 다소 어렵다

③ 그저 그렇다

④ 다소 쉽다

⑤ 매우 쉽다

14) 나는, 다른 사람의 이야기를 듣는 것이_____

① 매우 어려운 편이다

② 다소 어려운 편이다

③ 그저 그렇다

④ 다소 쉬운 편이다

⑤ 매우 쉬운 편이다

15) 나는, 다른 사람을_____

① 거의 신뢰하지 않는 편이다

② 다소 신뢰하지 않는 편이다

③ 그저 그렇다

④ 다소 신뢰하는 편이다

⑤ 매우 신뢰하는 편이다

16) 나는, 다른 사람에 대하여_____

① 매우 거리감을 느끼는 편이다

② 다소 거리감을 느끼는 편이다

③ 그저 그렇다

④ 다소 친근감을 느끼는 편이다

⑤ 매우 친근감을 느끼는 편이다

17) 나는, 인간관계에 있어서 자신감이_____

① 매우 적은 편이다

② 다소 적은 편이다

③ 그저 그렇다

④ 다소 많은 편이다

⑤ 매우 많은 편이다

18) 나는, 의견의 불일치가 있을 때 그것을 (건설적으로)_____

① 매우 못 다루는 편이다

② 다소 못 다루는 편이다

③ 그저 그렇다

④ 다소 잘 다루는 편이다

⑤ 매우 잘 다루는 편이다

19) 나는, 다른 사람과 대화 시 어려움을_____

① 매우 많이 느끼는 편이다

② 다소 느끼는 편이다

③ 그저 그렇다

④ 다소 안 느끼는 편이다

⑤ 매우 안 느끼는 편이다

20) 나는, 다른 사람에 대한 긍정적인 느낌을_____

① 거의 표현하지 못하는 편이다

② 다소 표현하지 못하는 편이다

③ 그저 그렇다

④ 다소 표현하는 편이다

⑤ 많이 표현하는 편이다

21) 나는, 다른 사람에 대한 부정적인 느낌을 (건설적으로)_____

① 거의 표현하지 못하는 편이다

② 다소 표현하지 못하는 편이다

③ 그저 그렇다

④ 다소 표현하는 편이다

⑤ 많이 표현하는 편이다

22) 나는, 나의 개인적인 관심사에 대해서 다른 사람과_____

① 거의 나누지 않는 편이다

② 다소 나누지 않는 편이다

③ 그저 그렇다

④ 다소 나누는 편이다

⑤ 많이 나누는 편이다

23) 다른 사람이 나에 대한 느낌을 표현할 때, 그것을 믿고 받아들이는 정도는

_____

① 매우 적은 편이다

② 다소 적은 편이다

③ 그저 그렇다

④ 다소 많은 편이다

⑤ 매우 많은 편이다

24) 다른 사람이 나에 대한 부정적인 느낌을 표현할 때, 건설적으로 대하는 나의

정도는_____

① 매우 적은 편이다

② 다소 적은 편이다

③ 그저 그렇다

④ 다소 많은 편이다

⑤ 매우 많은 편이다

25) 나는, 다른 사람과 앞으로 대인관계를 어떻게 해야 할지를_____

① 거의 이해하지 못하는 편이다

② 다소 이해하지 못하는 편이다

③ 그저 그렇다

④ 다소 잘 이해하는 편이다

⑤ 매우 잘 이해하는 편이다

※ 측정 방법

- 만족감: 1, 2, 3, 4.
- 친근감: 5, 11, 16.
- 민감성: 6, 10.
- 이해성: 7, 8, 13, 25.
- 의사소통: 9, 14, 18, 19.
- 개방성: 12, 17, 20, 21, 22.
- 신뢰감: 15, 23, 24.

개별 항목(만족감, 친근감, 민감성, 이해성, 의사소통, 개방성, 신뢰감)별 문항의 점수 합계 ÷ 문항 수 = □

→ 항목별 점수 □의 합계 ÷ 개별 항목 수(7) = ○

→ ○의 점수가

→ 개별 문항 점수 합계 − 문항 수(25) = □

• 역전환

⇒ 3. 4. 5. 6. 7. 14. 15. 18. 21. 22. 23. 25. (12개)

* 역전환 문항은 체크한 점수가 1점일 때, 5점으로 하여 점수를 매긴다(2점일 때 4점으로, 3점일 때 3점으로).

◎ ㅁ의 점수가

0~30: 자존감 ↑(양호), 31~70: 문제가 있음(위험), 71~ : 문제 많음(심각)

한국판 세계보건기구 삶의 질 간편형 척도(Korea Version WHOQOL-BREF)

◆ WHO 삶의 질 척도를 개발한 개념에 따라 만들어진 한국판 세계보건기구 삶의 질 척도는 민성길 등(2000a, b, 2002, Min et al. 2002)에 의해 표준화 연구됨.

▶ 이 질문지는 당신의 삶의 질, 건강 및 인생의 여러 영역들에 대해 당신이 최근 2주 동안(오늘을 포함해서)에 어떻게 느끼는지 묻는 것입니다. 빠뜨리는 문항 없이 모든 문항에 답변을 하나 고르십시오.

다음 각 질문을 읽고, 당신의 느낌을 평가한 후, 당신에게 가장 적절한 답의 번호에 동그라미를 치세요.

1) 당신이 생각하기에 당신의 삶의 질을 어떻게 평가하시겠습니까?

　　① 매우 나쁨　　　② 나쁨　　　③ 나쁘지도 좋지도 않음

　　④ 좋음　　　　　⑤ 매우 좋음

2) 당신은 당신의 건강상태에 대해 얼마나 만족하고 있습니까?

　　① 매우 불만족　　② 불만족　　　③ 만족하지도 불만족하지도 않음

　　④ 만족　　　　　⑤ 매우 만족

▶ 다음은 당신이 지난 2주 동안(오늘을 포함해서) 어떤 것들을 얼마나 많이 경험하였는지를 묻는 질문들입니다.

3) 당신은 (신체적) 통증으로 인해 당신이 해야 할 일들을 어느 정도 방해받는다고 느낍니까?

　　① 전혀 아니다　　② 약간 그렇다　③ 그렇다　　　④ 많이 그렇다

　　⑤ 매우 많이 그렇다

4) 당신은 일상생활을 잘하기 위해 치료가 필요합니까?

　　① 전혀 아니다　　② 약간 그렇다　③ 그렇다　　　④ 많이 그렇다

　　⑤ 매우 많이 그렇다

5) 당신은 인생을 즐기십니까?

    ① 전혀 아니다   ② 약간 그렇다   ③ 그렇다   ④ 많이 그렇다

    ⑤ 매우 많이 그렇다

6) 당신은 당신의 삶이 의미 있다고 느낍니까?

    ① 전혀 아니다   ② 약간 그렇다   ③ 그렇다   ④ 많이 그렇다

    ⑤ 매우 많이 그렇다

7) 당신은 정신을 잘 집중할 수 있습니까?

    ① 전혀 아니다   ② 약간 그렇다   ③ 그렇다   ④ 많이 그렇다

    ⑤ 매우 많이 그렇다

8) 당신은 일상생활에서 안전하다고 느낍니까?

    ① 전혀 아니다   ② 약간 그렇다   ③ 그렇다   ④ 많이 그렇다

    ⑤ 매우 많이 그렇다

9) 당신은 건강에 좋은 주거환경에 살고 있습니까?

    ① 전혀 아니다   ② 약간 그렇다   ③ 그렇다   ④ 많이 그렇다

    ⑤ 매우 많이 그렇다

▶ 다음 문제들은 지난 2주간(오늘을 포함해서) 당신이 어떤 것들을 "얼마나 전적으로" 경험하였으며 혹은 할 수 있었는지에 대해 묻는 것입니다.

10) 당신은 일상생활을 위한 에너지를 충분히 가지고 있습니까?

   ① 전혀 아니다　　② 약간 그렇다　③ 그렇다　　　④ 많이 그렇다
   ⑤ 매우 많이 그렇다

11) 당신은 신체적 외모에 만족합니까?

   ① 전혀 아니다　　② 약간 그렇다　③ 그렇다　　　④ 많이 그렇다
   ⑤ 매우 많이 그렇다

12) 당신은 당신의 욕구를 만족시킬 수 있는 충분한 돈을 가지고 있습니까?

   ① 전혀 아니다　　② 약간 그렇다　③ 그렇다　　　④ 많이 그렇다
   ⑤ 매우 많이 그렇다

13) 당신은 매일매일의 삶에서 당신이 필요로 하는 정보를 쉽게 구할 수 있습니까?

   ① 전혀 아니다　　② 약간 그렇다　③ 그렇다　　　④ 많이 그렇다
   ⑤ 매우 많이 그렇다

14) 당신은 레저(여가)활동을 위한 기회를 가지고 있습니까?

   ① 전혀 아니다　　② 약간 그렇다　③ 그렇다　　　④ 많이 그렇다
   ⑤ 매우 많이 그렇다

15) 당신은 신체적인 활동을 잘할 수 있습니까?

   ① 전혀 아니다　　② 약간 그렇다　③ 그렇다　　　④ 많이 그렇다

⑤ 매우 많이 그렇다

▶ 다음은 지난 2주 동안(오늘을 포함해서) 당신의 삶의 다양한 영역에 대해 당신이 얼마나 만족했고, 행복했고, 좋았는지를 묻는 질문들입니다.

16) 당신은 당신의 수면(잘 자는 것)에 대해 얼마나 만족하고 있습니까?
　① 매우 불만족　　② 불만족　　③ 만족하지도 불만족하지도 않음
　④ 만족　　　　　⑤ 매우 만족

17) 당신은 일상생활의 활동을 수행하는 당신의 능력에 대해 얼마나 만족하고 있습니까?
　① 매우 불만족　　② 불만족　　③ 만족하지도 불만족하지도 않음
　④ 만족　　　　　⑤ 매우 만족

18) 당신은 당신의 일할 수 있는 능력에 대해 얼마나 만족하고 있습니까?
　① 매우 불만족　　② 불만족　　③ 만족하지도 불만족하지도 않음
　④ 만족　　　　　⑤ 매우 만족

19) 당신은 당신 스스로에게 얼마나 만족하고 있습니까?
　① 매우 불만족　　② 불만족　　③ 만족하지도 불만족하지도 않음
　④ 만족　　　　　⑤ 매우 만족

20) 당신은 당신의 개인적 대인관계에 대해 얼마나 만족하고 있습니까?

    ① 매우 불만족   ② 불만족   ③ 만족하지도 불만족하지도 않음

    ④ 만족   ⑤ 매우 만족

21) 당신은 당신의 성생활에 대해 얼마나 만족하고 있습니까?

    ① 매우 불만족   ② 불만족   ③ 만족하지도 불만족하지도 않음

    ④ 만족   ⑤ 매우 만족

22) 당신은 당신의 친구로부터 받고 있는 도움에 대해 얼마나 만족하고 있습니까?

    ① 매우 불만족   ② 불만족   ③ 만족하지도 불만족하지도 않음

    ④ 만족   ⑤ 매우 만족

23) 당신은 당신이 살고 있는 장소의 상태에 대해 얼마나 만족하고 있습니까?

    ① 매우 불만족   ② 불만족   ③ 만족하지도 불만족하지도 않음

    ④ 만족   ⑤ 매우 만족

24) 당신은 의료서비스를 쉽게 받을 수 있다는 점에 얼마나 만족하고 있습니까?

    ① 매우 불만족   ② 불만족   ③ 만족하지도 불만족하지도 않음

    ④ 만족   ⑤ 매우 만족

25) 당신은 당신이 사용하는 교통수단에 대해 얼마나 만족하고 있습니까?

    ① 매우 불만족   ② 불만족   ③ 만족하지도 불만족하지도 않음

④ 만족   ⑤ 매우 만족

▶ 다음은 예를 들어, 당신의 가족 또는 친구로부터의 도움, 혹은 안전상 위협
과 같은 것들을 얼마나 자주 경험했거나 느꼈는지에 대한 질문입니다.

26) 당신은 침울한 기분, 절망, 불안, 우울감과 같은 부정적인 감정을 얼마나 자
주 느낍니까?

※ 측정 방법

각 문항은 5점 척도로 '전혀 그렇지 않다' 1점에서 '정말 그렇다' 5점까지 점수가
높을수록 삶의 질이 높음을 의미.

우울과 신체 증상 평가척도(DSSS: The Depression and Somatic Symptoms Scale)

◆ 김건우 등(2011)이 2006년 Hung 등이 발표한 논문의 부록에 수록된 DSSS
를 번역. 〈Hung CI et al. Depression and somatic symptoms scale: a
new scale with both depression and somatic symptoms emphasized.
Psychiatry Clin Neurosci 200660:700-708.〉

여러분이 지난주(7일) 동안 경험하였던 증상들의 심각한 정도를 평가하여 주십시오.

0-전혀 없다: 증상이 전혀 없었다.

1-약간 있다: 증상 때문에 약간 불편했거나 삶에 지장이 있었다.

2-상당히 있다: 증상 때문에 상당히 불편했거나 삶에 지장이 있었다.

3-매우 많이 있다: 증상 때문에 매우 심하게 불편했거나 삶에 지장이 있었다.

아래에 제시된 증상들의 심각한 정도를 전혀 없다, 약간 있다, 상당히 있다, 매우 많이 있다 중의 한 가지로 표시해주시기 바랍니다.

구분	전혀 없다	약간 있다	상당히 있다	매우 많이 있다
1. 두통				
2. 일상적인 일이나 취미활동에 흥미가 없음				
3. 가슴이 답답함				
4. 불면증				
5. 근육의 긴장				
6. 짜증스러운 기분				
7. 요통				
8. 즐거움을 느끼지 못하거나 즐거움을 느끼는 정도가 감소함				
9. 현기증				
10. 우울감이나 쉽게 눈물이 남				
11. 가슴의 통증				
12. 자기 비하나 죄책감				
13. 목이나 어깨의 통증				

14. 성에 대한 관심의 상실				
15. 숨이 가빠지거나 호흡 곤란				
16. 불안감이나 과민함				
17. 신체 절반 이상의 근육통				
18. 집중할 수 없음				
19. 심장이 빨리 뛰거나 가슴이 두근거림				
20. 죽음에 대한 생각이나 자살 사고				
21. 피로나 기운 없음				
22. 식욕 저하나 상실				

※ 측정 방법

우울증상 소척도(흰 바탕: 2+4+6+8+10+12+14+16+18+20+21+22)=

신체증상 소척도(회색과 검은 바탕: 1+3+5+7+9+11+13+15+17+19)=

통증증상 소척도(검은 바탕: 1+7+11+13+17)=

통증평가척도(VAS: Visual Analogue Scale)

◆ 임상적으로 통증 정도를 평가하기 위해서 Cole, Finch 및 Gowland(1994)이
제시.

"시각적 표시 눈금(VAS=가시적 유추 척도)"이란 환자가 자각적으로 느끼는 통
증의 정도를 눈으로 볼 수 있는 척도표에 표시하는 방법을 말한다.

척도: 0 – 아무런 통증이 없는 상태(no pain)

   10 – 가장 심한 통증의 상태(most serious pain)

VAS의 이점

1. 점수 매기기가 쉽고 간략함(Jensen 등 1986)
2. 가장 비 침습적
3. 개념이 간단

VASs의 제한과 단점:

지각력과 운동에 장애가 있는 환자에서, 환자의 즉각적인 반응이 불가능한 상황, 그리고 지침을 이해 못 하는 환자에서 시행할 때는 어려운 점이 있다. 이들의 한계와 단점은 Choiniere와 Amsel(1996)의 시각 아날로그형 온도계(visual analogue thermometer: VAT)로 보완되었다.

VATs는 표준 종이와 연필을 사용한 VAS와 상관성을 잘 이루고 통증치에 민감하여 표준 VAS보다 선호된다(Choiniere & Amsel, 1996).

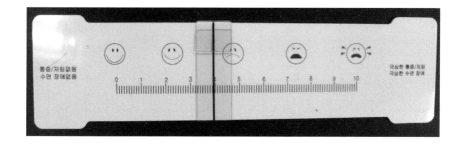

김선현

한양대학교 대학원 이학박사
한양대 미술교육대학원 미술교육학 석사
가톨릭대학교 상담심리대학원 석사
서울과학기술대학교 미술학사

차의과학대학교 미술치료·상담심리학과 교수
차병원 미술치료클리닉 교수
베이징대학교 의과대학 교환교수 역임
대한트라우마협회 회장
세계미술치료학회 회장
한·중·일 학회 회장
차의과학대학교 미술치료 대학원 원장 역임
대한임상미술치료학회 회장 역임

임상미술치료
길라잡이

초판인쇄　2012년 9월 28일
초판발행　2012년 9월 28일

지은이　김선현
펴낸이　채종준
펴낸곳　한국학술정보(주)
주　소　경기도 파주시 문발동 파주출판문화정보산업단지 513-5
전　화　031) 908-3181(대표)
팩　스　031) 908-3189
홈페이지　http://ebook.kstudy.com
E-mail　출판사업부　publish@kstudy.com
등　록　제일산-115호(2000.6.19)

ISBN　978-89-268-3609-5 93180 (Paper Book)
　　　978-89-268-3610-1 95180 (e-Book)

이담 Books 는 한국학술정보(주)의 지식실용서 브랜드입니다.

이 책은 한국학술정보(주)와 저작자의 지적 재산으로서 무단 전재와 복제를 금합니다.
책에 대한 더 나은 생각, 끊임없는 고민, 독자를 생각하는 마음으로 보다 좋은 책을 만들어갑니다.